창의적 사고와 글쓰기

"대학생활에 필요한 글쓰기 능력 키우기"

창의적 사고와 글쓰기

광주여자대학교 교양기초교육원

한국문화사

창의적 사고와 글쓰기

1판 1쇄 발행 2018년 9월 1일
1판 2쇄 발행 2019년 2월 20일
1판 3쇄 발행 2021년 2월 25일

엮 은 이 | 광주여자대학교 교양기초교육원
펴 낸 이 | 김진수
펴 낸 곳 | 한국문화사
등   록 | 제1994-9호
주   소 | 서울시 성동구 아차산로49, 404호(성수동1가, 서울숲코오롱디지털타워3차)
전   화 | 02-464-7708
팩   스 | 02-499-0846
이 메 일 | hkm7708@hanmail.net
홈페이지 | http://hph.co.kr

ISBN 978-89-6817-666-1 93800

- 이 책의 내용은 저작권법에 따라 보호받고 있습니다.
- 잘못된 책은 구매처에서 바꾸어 드립니다.
- 책값은 뒤표지에 있습니다.

■ 머리말

　현대 사회에서 글쓰기 능력은 모든 분야에서 교양인이 갖추어야 할 가장 필수적인 능력 중 하나로 평가 받고 있다. 그 이유는 글쓰기를 통하여 우리는 내적으로 우리의 생각을 표현하여 타인과 소통할 뿐만 아니라 자기 자신을 성찰하고 사회적으로는 우리가 쌓은 전문적 지식을 표출하여 능력을 발휘하기 때문이다. 이처럼 현대의 우리 사회는 그 어느 때보다 글쓰기와 글쓰기 능력이 중요시 되고 있다.
　현대는 인터넷 매체와 미디어, SNS 등의 발전과 이러한 소통 도구의 개발이 글쓰기에 소홀하여 약화시킬 것이라는 우려가 있다. 하지만 현대인들에게 글쓰기의 필요성은 더욱 강조되는데, 사적인 공간이든 공적인 공간이든 사람들이 글로 대화하는 경우가 더 많아지고 있기 때문이다. 특히 대학생들에게 글쓰기는 지성인으로서 올바른 가치관 확립을 위하여 삶에 대해 성찰하고, 전공하는 학문의 세계와 만나며, 미래의 세계를 준비하기 위해 반드시 필요한 수단이자 능력이다. 또한 글쓰기를 통해 우리는 생각을 질서화 하여 더 체계적으로 정리하고 효과적으로 드러낼 수 있다.
　글쓰기 능력이 이렇게 중요함에도 불구하고 많은 대학생들이 글쓰기를 싫어하고 어려워하는 것은 체계적인 글쓰기 교육의 부재와 글을 쓰는 연습의 부족에서 기인한다. 이 교재를 편찬하면서 일차적인 고려는 바로 이런 점이었다. 기본적인 글쓰기 능력을 통해 쓰기에 대한 막연한 두려움에서 벗어나게 하는 것이 1차적인 목표이다. 이러한 목표를 달성하면 학생들 스스로가 자신감을 갖고 필요한 글을 효과적으로 쓸 수 있을 것이다.

글쓰기에 대한 이러한 인식을 바탕으로 우리는 이 책을 대학 교양과정의 교재로 사용할 수 있도록 편찬하였다. 이 교재는 총 여섯 장으로 구성되어 있다. 1장과 2장에서는 글쓰기 자체에 대한 이해와 더불어 이 시대의 글쓰기를 어떻게 할 것인가, 또 어떤 절차를 거쳐 글을 써야 하는지를 다루고 있다. 글쓰기의 절차를 고려한 글쓰기 훈련은 이후 스스로 글을 쓸 수 있는 능력을 기르는 데 중요한 역할을 할 것이다. 3장, 4장, 5장에서는 글쓰기에 필요한 기본적인 요건인 어휘, 문장, 단락을 이해하여 짧게 쓰는 연습을 할 수 있도록 하였다. 6장에서는 어문 규정에 대한 이해를 통해 정확한 표현을 위한 기초 능력을 기를 수 있도록 하였다. 그리고 별책으로 매 장마다 학생들 스스로가 수업 시간에 익힌 이론을 연습할 수 있도록 문제를 수록하였다.

　총 여섯 장으로 글쓰기에 대한 많은 내용을 다루고자 하였으나 글쓰기에 대한 모든 것을 다루기에는 불가능하다. 교재에 대한 부족함은 강의 시간을 활용하거나 혹은 학생들의 개인적인 탐구의 몫으로 남겨 둔다. 학생들이 이 교재를 바탕으로 하여 글을 읽는 능력과 글을 쓰는 능력이 향상되었으면 하는 바람이다.

　이 책을 기획하고 출판하기까지 귀중한 원고를 주시고 검토하고 수정하는 고생을 마다하지 않은 집필자 선생님들께 감사드린다. 또 바쁜 와중에 힘든 일정을 소화하면서 출판을 허락한 한국문화사 김진수 사장님, 원고를 모으는 일부터 여러 가지 일로 고생하신 조정흠 차장님, 이은하 과장님에게도 이 자리를 빌려 감사의 말을 전한다.

2018년 8월
저자 일동

■ 차례

>> 머리말 ………………………………………………… 5

제1장 글쓰기란 무엇인가

>> 01 글쓰기, 인터넷 시대의 글쓰기 ……………… 11
>> 02 글쓰기, 어떻게 할 것인가 …………………… 13
>> 03 자유로운 글쓰기를 위하여 …………………… 15

제2장 글쓰기의 절차

>> 01 글감 찾기 ……………………………………… 21
>> 02 글감 정리 ……………………………………… 26
>> 03 개요 짜기 ……………………………………… 28
>> 04 집필과 다듬기 ………………………………… 31

제3장 단락 쓰기

>> 01 단락이란 ……………………………………… 41
>> 02 단락의 구성과 전개 ………………………… 43
>> 03 소주제문과 뒷받침 문장 …………………… 45
>> 04 단락의 유형 ………………………………… 50

제4장 글의 기술 방식
>> 01 설명과 논증 ···································· 61
>> 02 서사와 묘사 ···································· 78

제5장 정확한 문장 쓰기
>> 01 문법에 맞는 문장 ······························ 87
>> 02 의미가 명료한 문장 ··························· 89
>> 03 흐름이 자연스러운 문장 ···················· 96

제6장 어문 규범의 이해
>> 01 한글 맞춤법 ···································· 103
>> 02 표준어 규정 ···································· 106
>> 03 외래어 표기법 ································ 108
>> 04 원고지 사용법 ································ 111

부록
>> 한글 맞춤법 ·· 117
>> 국어의 로마자 표기법 ························· 147

연습문제 / 155

제1장
글쓰기란 무엇인가

1. 글쓰기, 인터넷 시대의 글쓰기
2. 글쓰기, 어떻게 할 것인가
3. 자유로운 글쓰기를 위하여

글쓰기, 인터넷 시대의 글쓰기

현대는 컴퓨터에 의해 세계의 모든 정보가 실시간으로 소통되는 인터넷 시대이다. 현대인은 인터넷 서핑만으로 미지의 정보나 지식을 열람할 수 있는 편리한 세상에서 살고 있다. 개인은 인터넷에서 다양한 정보를 손쉽게 찾아서 이용할 수 있을 뿐만 아니라 타인과 자유로운 의사소통까지 할 수 있다. 따라서 정보화 사회에서 개인의 능력은 '얼마나 빨리 필요한 정보를 찾을 수 있는가?'와 '수집한 정보를 얼마나 효과적으로 조직화하여 타인과 소통할 수 있는가?'로 평가된다.

현대인은 인터넷 서핑을 통해 지식과 정보를 수용하는 데는 어느 정도 숙달되어 있다. 그것은 물론 정보를 찾고 정리하는 반복 훈련으로 얻어진 능력이다. 그러나 현대 사회를 살아가기 위해서는 인터넷에서 필요한 정보를 재빨리 찾는 능력만으로는 충분하지 않다. 인터넷에서 돌아다니는 정보는 사전적, 파편적인 특성을 지니고 있기 때문에, 그러한 정보를 가공하고 편집하는 능력이 있어야만 타인과 소통할 수 있다. 또한 타인과의 소통은 주로 문자 언어를 통해 이루어진다. 즉, 타인과 소통하는 능력은 글쓰기 능력과 직결된다. 바로 여

인터넷 시대의 정보 → 파편성, 다양성 → 수용자 입장에서 가공, 편집 → 적극적·능동적 글쓰기 → 효과적인 의사소통

기에 인터넷 시대에 글쓰기가 필요하고 중요한 이유가 있다. 곧, 인터넷으로 대표되는 현대 사회는 정보의 소통이 활발하기 때문에, 자신의 생각과 주장을 적극적이고 능동적으로 표현할 수 있는 글쓰기 능력이 필요하다.

정보화 시대에 글쓰기 능력을 갖춤으로써 얻는 효과는 다양하다. 우선 글쓰기는 자신과 삶에 대한 인식의 폭을 넓혀 주고 깊이를 심화시켜 준다. 우리는 글쓰기라는 창조적 행위로 자신을 확인하고, 타인에게 자기를 표현한다. 즉, 자신의 생각을 창조적으로 표현하는 글쓰기에서 주체로서 자신의 존재를 명확하게 인식할 수 있다. 글쓰기는 자신이 가진 생각들을 개념화하고 정리하는 작업이다. 따라서 글쓰기는 많은 사람에게 나를 드러낼 준비를 하는 과정에서 내가 어떤 존재인가를 스스로 인식하도록 해 준다.

또한 글쓰기는 대상에 대해 새로운 의미를 형성하도록 도와준다. 우리 앞에 놓여 있는 대상들은 고정되어 있다. 이처럼 고정적인 대상을 새롭게 인식함으로써 미처 깨닫지 못했던 것이 명확하게 밝혀져 사유의 영역이 확장될 수 있으며, 삶과 세계에 대한 이해가 풍부해질 수 있다. 대상에 새로운 의미를 부여하는 것은 대상을 분석적이고 깊이 있게 해석할 때 가능하다. 상식적이고 관습적으로 생각하는 것들을 창의적으로 재인식하지 않는다면 대상에 대한 새로운 의미는 형성될 수 없다.

그 외에도 글쓰기는 여러 가지 실용적 가치가 있다. 대학을 졸업하고 사회에 진출하면 다양한 양식의 글을 써야 할 때가 많다. 글쓰기는 사회 활동에서 자신의 능력을 알리는 중요한 기능 중의 하나이기 때문이다. 최근 신입 사원을 채용하면서 글쓰기 능력을 갖춘 인재를 선호하는 회사들이 많아졌다. 이것은 의사소통 능력의 하나인 글쓰기가 사회생활에서 그만큼 긴요하다는 것을 인식한 결과이다. 글쓰기 능력은 직장 생활에서도 가장 기본적인 경쟁 도구이다. 직장에서 흔히 쓰게 되는 각종 공문, 보고서, 기획안 등은 자신의 능력을 그대로 드러내는 양식이다. 따라서 대학 생활을 하며 글쓰기 능력을 학습하고 함양

하는 일은 대단히 중요하다.

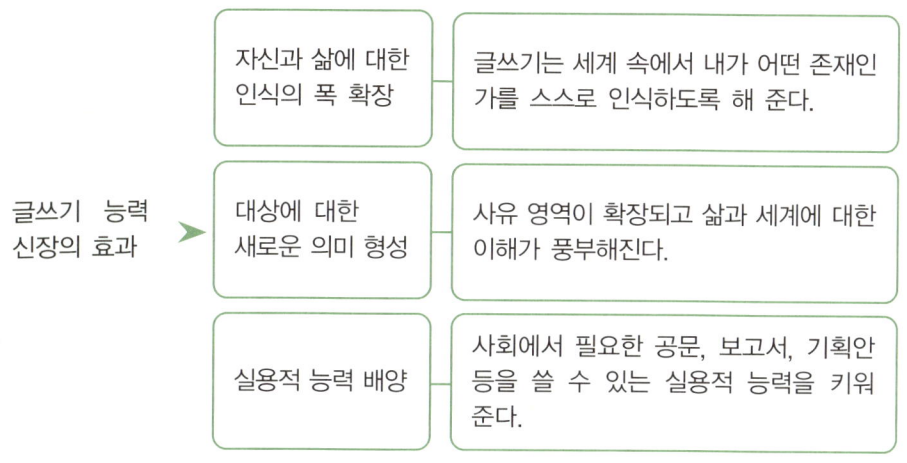

글쓰기, 어떻게 할 것인가

인간은 자기를 표현함으로써 다른 사람과 소통한다. 글로 자기를 표현하는 글쓰기는 말하기와 더불어 기호를 사용하는 의사소통 방식 중 가장 정교하고 체계적이다. 이러한 점에서 글을 쓰는 과정을 적절히 이해하고 글을 쓸 수 있는 능력은 삶의 기본적 조건이다.

정확한 글을 쓰기 위해서는 글을 쓰려는 목적이나 글을 읽는 대상에 알맞게 다양하고 효과적인 글쓰기 전략을 운용할 수 있는 능력을 길러야 한다. 당송팔대가(唐宋八大家)의 한 사람인 송나라 때의 구양수(歐陽脩, 1007~1072)는 정확한 글을 쓰기 위해서는 '삼다(三多)'가 전제되어야 한다고 보았다. 그가 말한 삼다란 다독(多讀), 다상량(多商量), 다작(多作)이다. 먼저 모범이 되는 훌륭한 글들을 다양하게 많이 읽는다(다독). 다양하고 풍부한 독서를 통해서 글쓰기의 표현 방식뿐만 아니라 삶과 세계를 이해하는 통찰력을 얻을 수 있기 때문이다. 다음으로 창의적으로 사고하고 논리적으로 사색하는 과정이 필요하다(다상량). 다시 말해 삶과 세계를 섬세하고 치밀하게 관찰하고, 종합적이고 거시적으로 사색하는 훈련이 필요하다. 이를 위해서는 타인들의 창의적이고 논리적인 생각과 사색을 배우고 익히는 것이 효과적이다. 그리고 이러한 과정을 거쳐 마지막으로 직접 글을 쓰는 훈련을 반복한다(다작). 글을 자주 반복하여 쓰고, 쓴 글을 수정·보완하면서 글의 완성도를 점차 높여 가는 것이다.

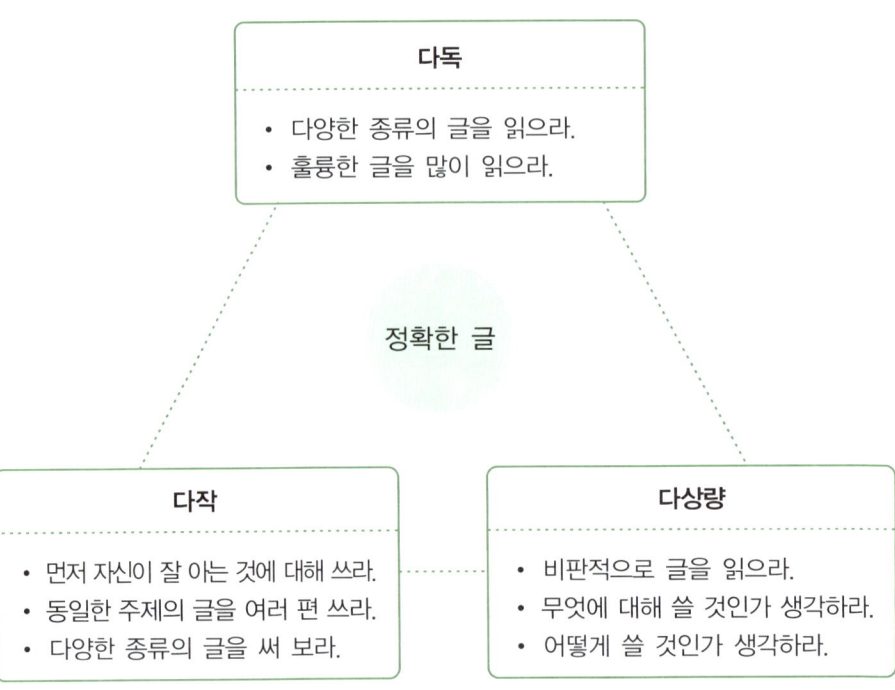

한 가지 강조할 것은 남의 글을 베껴서 쓰면 안 된다는 것이다. 최근 컴퓨터를 이용하여 웹에 있는 자료나 남이 만든 파일의 일부분을 복사해서 붙인 다음 자기 글인 것처럼 작성하는 사례가 늘고 있다. 이런 행위는 절도나 다름이 없다. 또한 이런 방식의 글쓰기를 한다고 해서 통찰력, 종합적인 사고력, 효과적인 의사소통 능력이 길러지지도 않는다. 글을 쓰다 보면 다른 사람의 글을 참고할 수밖에 없다. 그러나 남이 쓴 글의 내용을 자신의 글에 넣을 때는 반드시 그 출처를 명시해야 한다.

03 자유로운 글쓰기를 위하여

글을 쓰려고 할 때 제일 먼저 다가오는 문제는 '어떻게' 써야 할지 잘 모른다는 것이다. 사실 글의 주제는 글을 쓰려고 할 때 이미 정해진 것이어서 별 문제가 없는 경우가 대부분이다. 그러나 그 주제를 잘 다루기 위해 어떤 글감을 사용할 것인가 하는 문제에 대해서는 누구나 고민을 하게 마련이다. 이는 관련 정보나 지식을 수집하고 정리함으로써 해결할 수 있다. 다음의 문제는 자기가 쓰고자 하는 글의 내용과 주제를 어떻게 '효과적'으로 쓰느냐 하는 것이다. 여기서 효과적인 글쓰기에 대한 강박 관념이 생길 수 있다. 이를테면 글은 다른 사람들이 읽을 것을 전제로 하기 때문에 잘 써야 한다는 과잉 의식이 생기는 것이다. 이러한 과잉 의식은 글쓴이를 경직되게 만든다.

따라서 글을 쓰기 위해 맨 처음 할 일은 부적절하게 개입되는 심리적 긴장감으로부터 자신을 해방시키는 일이다. 부담 없이 자연스러운 태도, 넉넉한 마음으로 글쓰기에 임해야 한다. 말하자면 "이번에 제대로 한번 글을 잘 써 봐야지."라는 과잉 의식, "나는 원래 글을 잘 못 쓰니까 이번에도 잘 쓰지 못할 거야."라는 부정적 강박 관념으로 인해 생기는 경직된 마음을 이완시켜야 한다. 글쓰기도 생각하기, 읽기, 말하기처럼 자유롭게 할 수 있는 것이라는 긍정적인 사고로 전환해야 한다. 이렇게 함으로써 글쓰기에 대한 두려움과 선입견이 없어지고 글 쓰는 이의 의식이 자유로워진다. 나도 잘 쓸 수 있다는 긍정적인 태도로 자유롭게 다양한 글쓰기 훈련을 반복하는 것이 효과적이다.

글쓰기에 대한 선입견과 두려움을 없애는 효과적인 훈련 방식으로 자유 작문(free writing)이 있다. 이것은 말 그대로 글 쓰는 것을 방해하는 모든 요인으로부터 벗어나 자유롭게 글을 쓰는 방식이다. 1분 쓰기가 대표적이다. 1분 쓰기는 즉흥적으로 떠오르는 생각을 펜을 떼지 않고 1분 동안 자유롭게 쓰는 방식이다. 맞춤법이나 띄어쓰기를 고민할 필요가 없다. 글쓰기에 대한 두려움과 긴장감을 없애는 데 중점을 두는 훈련이므로 깊이 생각하지 말고 생각나는 대로 자유롭게 쓰면 된다. 1분 쓰기를 하다 보면 자신도 모르게 많은 양의 글을 쓰게 될 것이고, 글쓰기에 자신감도 생길 것이다. 그러면 다시 3분 쓰기, 5분 쓰기로 점차 시간을 늘려 반복적으로 글을 써 보도록 한다. 이와 같은 훈련을 반복하다 보면 글쓰기에 대한 두려움과 긴장감이 많이 해소되어 글쓰기가 그리 어려운 일이 아님을 체득할 수 있을 것이다.

읽을거리 1

다음 글을 읽고 정확한 글을 쓰려면 어떻게 해야 할지 생각해 보자.

글 쓰는 사람치고 작품을 퇴고하지 않은 사람은 드물 것이다. 그리고 퇴고(推敲)라는 말 또한 당나라 시인 가도(賈島)가 僧推月下門이란 종장을 지어놓고 밀 '추(推)'로 할 것인가 두드릴 '고(敲)'로 할 것인가 고민하던 중에 지나가던 한유가 '敲'로 하는 게 좋겠다고 해서 생겨난 어휘라는 것도 모르는 문인은 없을 줄 안다.

한데, 어느 문학지에 실린 글을 보니 쓴 작품을 거의 퇴고를 하지 않은 문인이 있었다는 것이었다. 소설가 김동인 선생 부인의 말인데, "작가는 얼마나 글을 빨리 잘 짓던지, 글을 쓸 적에 보면 원고지 다음 장을 넘기는 소리가 마치 글을 읽을 때 책장을 넘기듯 했다."는 것이다. 또한 그렇게 쓴 글을 거의 퇴고도 하지 않았단다. 또 한 사람으로는 수필가 박연구 선생이 있는데, 이 분도 자기 글 쓰는 버릇을 이야기하며 어느 지인에게 "짧은 수필 작품 한 편을 쓰면서 퇴고를 하느냐?"라고 반문하더라는 것이다.

하기는 윤오영 선생 일화 중에도 그의 대표작이라 할 '염소' 작품을 피천득 선생이 보는 앞에서 단숨에 쓰면서 그야말로 의마지재(倚馬之才)의 문재(文才)를 발휘하더라는 말이 있고 보면 타고난 문필은 따로 있는지도 모른다.

하지만 대부분의 문인들은 습관적으로 퇴고를 한다. 글을 쓸 때는 이모저모를 생각하다가 자칫 문맥을 놓치거나 어느 부분을 과장하고 어느 부분을 빠뜨리는 경우도 생겨서 퇴고하지 않으면 완성된 작품이 되지 못하기 때문이다. 퇴고를 하다 보면 무슨 어휘가 걸리든지 하다못해 오탈자 하나라도 발견되기 마련인 것이다.

나의 경우도 마찬가지다. 그렇기 때문에 나도 작품을 쓴 다음에는 반드시 퇴고의 수순을 밟게 된다. 먼저 순서는 문맥이 잘 통하는지, 첨삭할 부분은 없는지, 오탈자는 없는지를 살핀다. 이런 작업을 서너 번 반복하는데, 때에 따라서는 열 번 가까이도 하는 수가 있다. 나는 이러한 퇴고 버릇이 너무 지나친 게 아닐까 했는데, 어느 분의 퇴고 소감을 쓴 글을 읽으니 나는 아무것도 아니었다. 그분은 한 작품을 발표하기 전에 무려 27회를 퇴고했고, 그것도 미진하게 생각되어 그 후로도 7회나 더하여 도합 34회나 거듭했다는 것이었다.

나는 그가 쓴 글을 읽으며 글이 신인 같지 않게 느꼈는데 다 그만한 이유가 있었던 것이다. 이를 보면 신인이라고 하여 가볍게 대할 일이 아니었다. 그런 퇴고의 자세를 보니 문득 전에 들었던 어떤 이야기가 생각났다.

어느 날 나이 많은 농부가 길을 가다가 모판에 볍씨를 뿌리고 있는 한 소년을 보게 되었다. 그걸 보고 노인이, "저 집 농사는 올해 파농하게 생겼군."이라고 하면서 혀를 끌끌 찼다.

그러자 소년이 이를 듣고는 대꾸했.

"노인께서 말씀이 지나치십니다. 얼마나 씨앗을 많이 뿌려 보았다고 그러십니까?"

이에 노인이,

"걱정이 돼서 혼자 했던 말이네. 내 칠십을 평생 살면서 오십 년 넘게 씨를 뿌려 왔지만 지금도 그 일이라면 자신이 없는데, 어린 사람이 오죽하겠는가?"

하자, 소년은 정색을 하고 하나의 제안을 했다.

"그럼 누가 씨앗을 잘 뿌리는지 내기를 해 볼까요?"

그리하여 두 사람은 마침내 씨 뿌리기를 겨루게 되었다.

그런데 결과는 소년이 훨씬 나았다. 노인이 그 이유를 물었다. 그러자,

"어른께선 오십 년 동안을 씨를 뿌렸다고는 하나 기껏 오십 번 뿌렸겠지만, 저는 맨땅에다 금을 그어 놓고 수백 번도 더 연습했습니다."라고 하는 게 아닌가.

노인은 그야말로 피천득 선생의 글에 '새색시가 김장 서른 번만 담으면 할머니가 된다.'라는 그런 시각인 데 비해, 소년은 그만큼 연습을 했던 것이다. 소년이 연습하듯 이렇게 끈질기게 퇴고하는 사람의 글은 어디가 달라도 다를 것임은 두말할 것도 없다.

그래서 그랬을까. 의외로 퇴고에 대해 전해 오는 이야기가 많다. 러시아의 문장가 투르게네프는 글을 3개월 간격으로 퇴고를 했으며 헤밍웨이는 '노인과 바다'를 200번이 넘게 고쳤다는 것이다. 또한 중국의 문호 구양수와 '적벽부'를 쓴 소동파의 방에서는 폐지가 한 삼태기나 나왔다지 않는가. 대단한 자기 관리요, 엄격한 글쓰기가 아닐 수 없다.

그런 걸 생각하면 꼭 일필휘지를 부러워할 것도, 자꾸 퇴고하는 걸 부끄럽게 생각할 일이 아닌 것 같다. 나는 전에 문예지에 작품을 투고해 놓고도 고쳐 주기를 부탁한 적이 있어서 이를 부끄럽게 생각했는데, 폐를 끼친 일은 분명 반성할 일이나 그 퇴고 행위 자체는 크게 흠은 아니지 않았나 싶다. 하지만 작품을 보내기 전에 좀 더 충실하게 퇴고하는 게 좋았을 것이다.

— 임병식, "[블로그] 퇴고", 한겨레신문, 2007. 10. 4.

제2장
글쓰기의 절차

1. 글감 찾기
2. 글감 정리
3. 개요 짜기
4. 집필과 다듬기

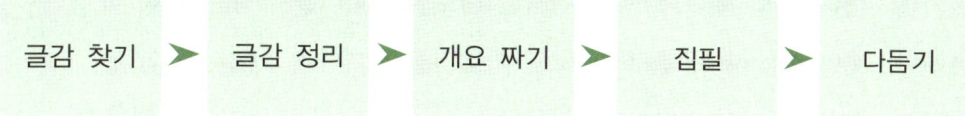

글감 찾기

 글을 쓰기 위해서는 자신이 쓰고자 하는 목적에 적당한 글감을 찾아야 한다. 요리를 만들기 위해서는 신선한 재료가 필요하듯이, 글감 찾기는 좋은 글을 쓰기 위한 사전 단계에 해당한다. 널리 알려진 글감 찾기 방법으로는 브레인스토밍과 마인드 매핑이 있다.

1) 브레인스토밍

 글감을 쉽게 찾는 방법으로 브레인스토밍(Brainstorming)이 있다. 이 브레인스토밍은 가능한 한 많은 아이디어를 모아 그 속에서 해결책을 찾는 방법이다. 그 결과 모인 아이디어가 글감의 재료가 된다. 정확한 글을 쓰기 위해서는 우선적으로 글감을 넉넉히 장만해야 한다. 특히 글쓰기 초보자일수록 글감을 풍성하게 준비해서 글의 흐름이 막힐 때마다 도움을 받아야 한다.
 브레인스토밍 과정에서는 머릿속에서 떠오르는 생각을 차단하지 않는다. 자신이 생각하기에 주제와 상관이 없거나 너무 엉뚱하다거나 비논리적이라 할지라도 지워 버려서는 안 된다. 그저 생각나는 대로 아이디어를 내놓는 것이 바로 브레인스토밍이다. 떠오르는 어휘들 간에 질서를 부여하려고 해서도 안 된다. 아무런 질서나 개념이 없더라도 떠오르는 단어를 나열하는 것이 중요하다. 글에 적합한 개념을 찾아내고 개념들 사이에 연관성을 부여하고 이를 구조화하는 작업은 그 다음 단계에 해당한다.

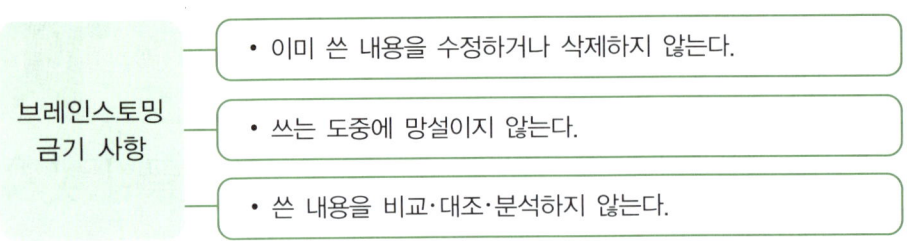

2) 마인드 매핑

브레인스토밍이 창조적인 아이디어를 만들어 내기 위한 단계라면 마인드 매핑(Mind Mapping)은 이 생각들을 효과적으로 조직화하기 위한 단계이다. 브레인스토밍은 아이디어를 만들어 내는 과정이지만 이 자체만으로 글쓰기가 되는 것은 아니다. 이를 조직하여 글쓰기로 이끄는 과정이 바로 마인드 매핑이다.

토니 부잔(Tony Buzan)이 개발한 마인드 매핑은 종이 한가운데에 핵심적인 개념을 이미지로 표현하고, 그와 관련된 생각들을 핵심어, 이미지, 기호, 상징 등으로 가지를 쳐 가면서 방사형으로 펼쳐가는 방법이다. 이 방법은 서로 연결될 수 없을 것 같은 단어 혹은 개념들을 긴밀하게 결합시키는 연결 고리를 찾는 데 효과적이다.

마인드 매핑의 진행 과정은 다음과 같다.

1단계

중심 이미지
(핵심 주제)

- 주제 선택
- 가로로 종이 배치
- 중앙에 생각하고 있는 문제와 상황의 본질을 대변하는 중심어 쓰기
- 다양한 방식으로 영상 이미지 표현

2단계

주요 가지
(부주제)

- 중심어에 연결되는 가까운 선 그리기
- 색상을 구분하여 표시
- 주제별 핵심을 한 단어로 쓰기 또는 그림으로 나타내기
- 이미지와의 유기적인 연결 관계 고려

3단계

부차 가지
(부차 주제)

- 주요 가지로부터 부차 가지 치기
- 부차 가지의 역할 : 주요 가지의 구체화 및 전개

4단계

세부 가지

- 부차 주제의 더욱 상세한 가지 치기
- 부차 가지에 대해 보다 많은 정보 제공
- 그림, 글자 혹은 그림과 글자를 혼합하여 작성
- 머릿속에 떠오르는 모든 것 기록

5단계

더 자세한
세부 가지

- 세부 가지의 더욱 상세한 가지 치기
- 마인드 맵 위에 있는 모든 가지에 세부 사항 추가

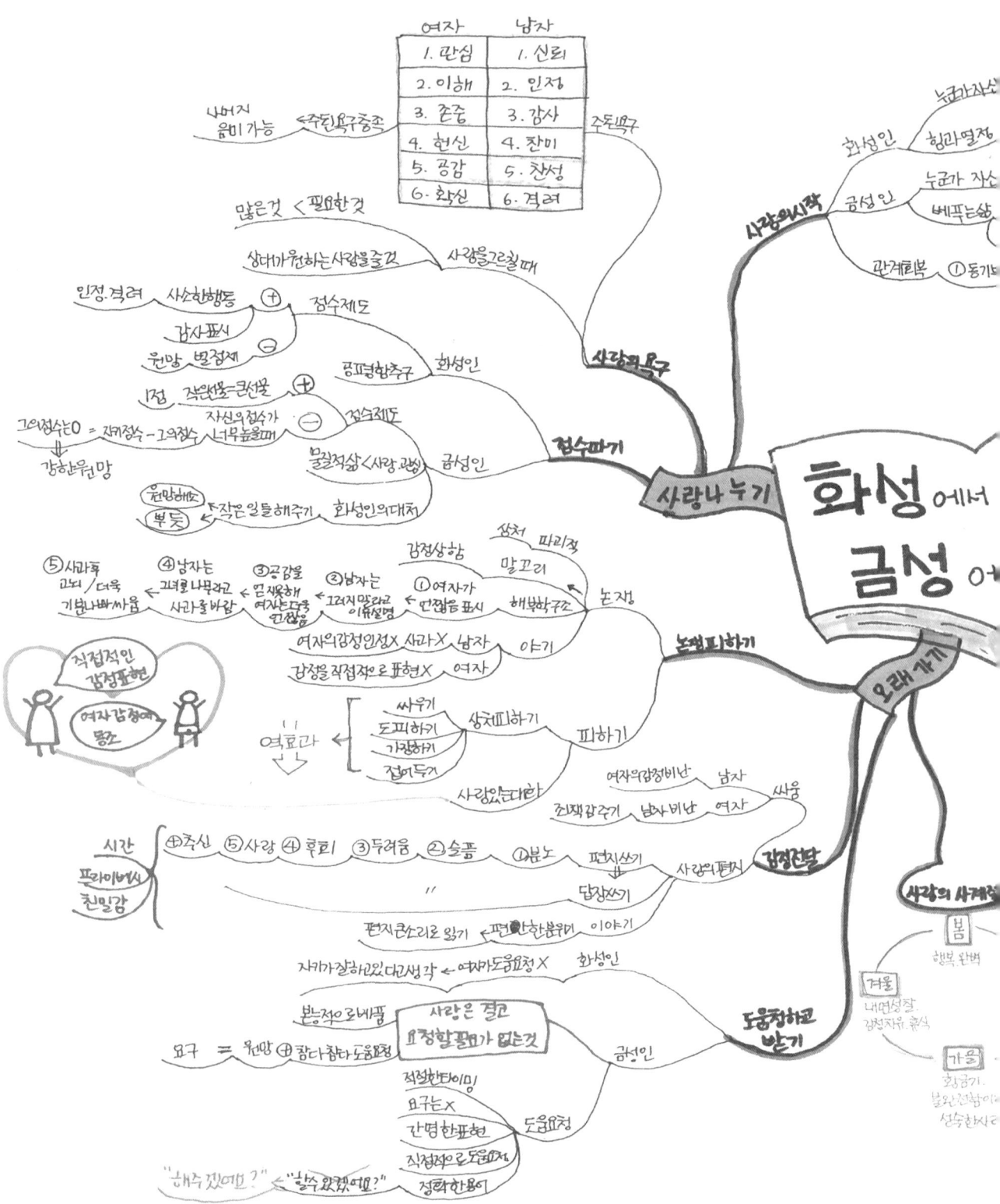

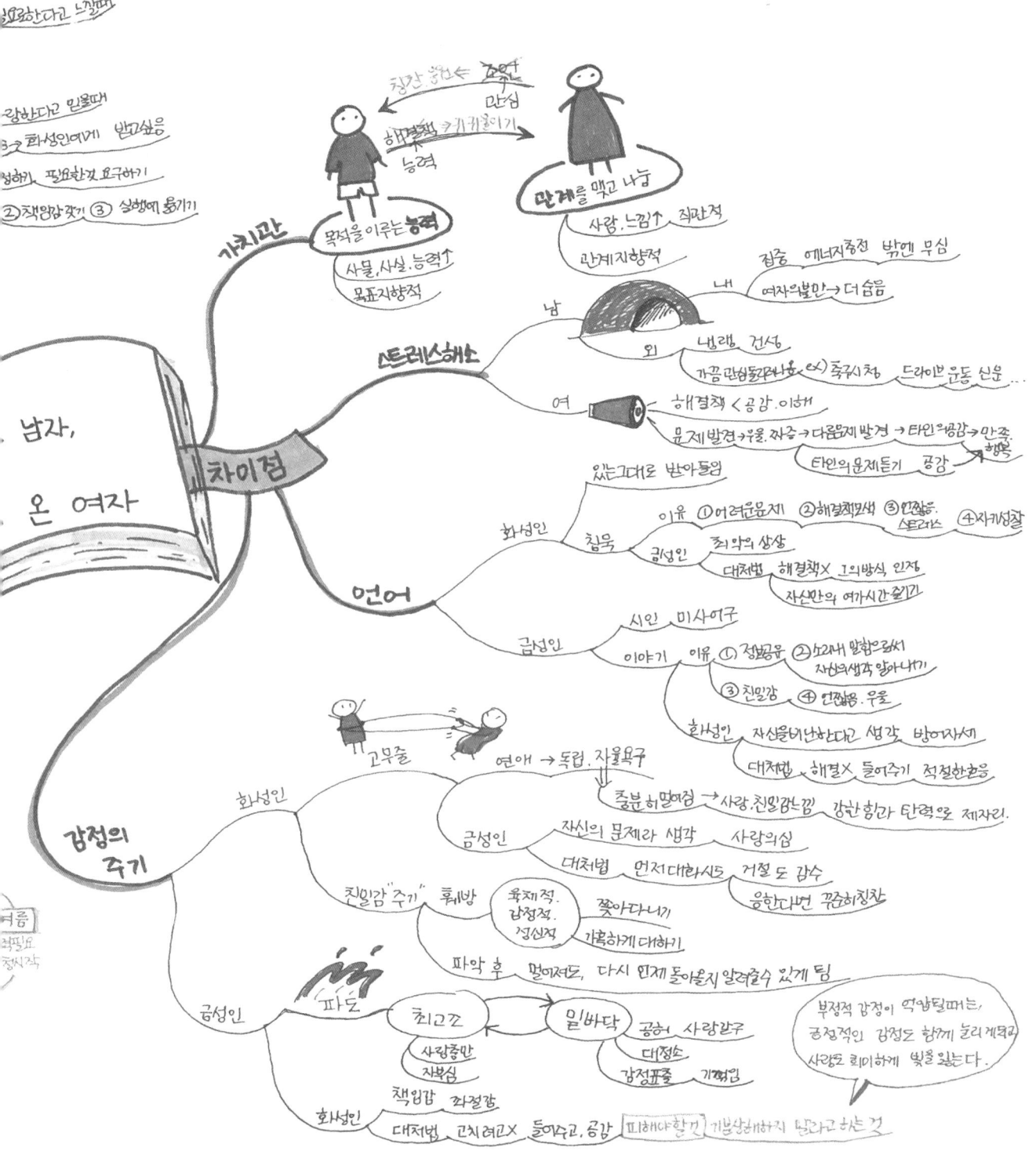

02 글감 정리

1) 글감의 종류

글을 쓸 때 가장 먼저 해야 할 일은 무엇에 대해 쓸 것인가를 고민하는 일이다. 이 과정에서 필요한 방법이 앞 절에서 설명한 브레인스토밍과 마인드 매핑이다. 이 두 방법으로 자신이 무엇을 쓸 것이며, 어떻게 쓰는 것이 좋은가에 대해 암시를 얻을 수 있다. 이때 결정된 '무엇'이 바로 글의 소재와 제재와 주제가 된다.

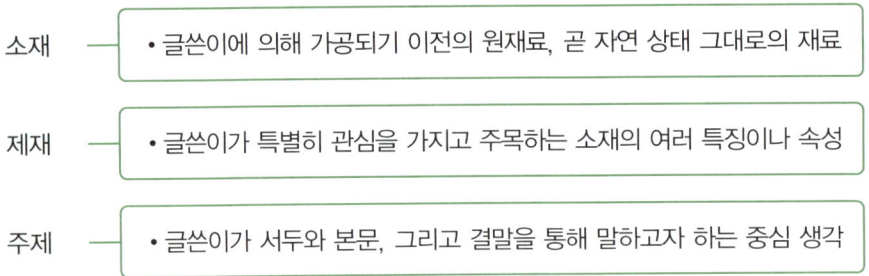

- 소재 — 글쓴이에 의해 가공되기 이전의 원재료, 곧 자연 상태 그대로의 재료
- 제재 — 글쓴이가 특별히 관심을 가지고 주목하는 소재의 여러 특징이나 속성
- 주제 — 글쓴이가 서두와 본문, 그리고 결말을 통해 말하고자 하는 중심 생각

글의 발상 단계에서 주제와 소재와 제재는 서로 밀접한 관련을 맺는다. 주제가 소재와 제재를 결정하고, 소재와 제재가 주제 형상화에 관여하기 때문이다. 소재와 제재는 주제를 부각시키는 데 효과적이다.

소재와 제재는 그 종류에 제한이 없다. 그러므로 제재가 되는 소재의 특성을 찾기 위해서는 평소에 습관적으로 받아들이던 대상의 특징과 속성을 세밀하게 관찰할 필요가 있다. 다음은 글쓰기에 앞서 그러한 속성을 찾기 위해 사용할 수 있는 세 가지 방법이다.

- 고정 관념의 탈피
  - 대상에 대한 발상 전환
  - 대상에 대한 해석 관점의 변화
  - 대상의 또 다른 측면 고찰

- 대상의 심층적인 분석과 비판
  - 대상에 대한 새로운 접근 및 정의
  - 대상의 주요 속성과 특징 파악
  - 대상의 문제점과 원인 분석

- 유사점과 차이점의 고찰
  - 관계 없는 대상들 사이의 의미 부여
  - 대상들의 속성 나열 및 인접 요소의 추출
  - 대상들의 속성에 대한 새로운 정의 및 유사성 추출
  - 대상과 외부 환경의 비교 및 대조

다음 예문과 예시는 우리가 흔히 볼 수 있는 대상들을 이러한 방법들로 새롭게 구성해 낸 것들이다.

네모난 수박

구두 모양의 소파

봄이 오면
배추밭 한가운데 있는 비닐하우스 성당에는
사람보다 꽃들이 먼저 찾아와 미사를 드립니다
진달래를 주임신부님으로 모시고
냉이꽃을 수녀님으로 모시고
개나리 민들레 할미꽃 신자들이
일개미와 땅강아지와 배추흰나비와
저 들녘의 물안개와 아지랑이와 보리밭과 함께
내 탓이요 내 탓이요 내 큰 탓이로소이다
흙바닥에 영원히 꺼지지 않는 촛불을 켜고
저마다 고개 숙여 기도드립니다

– 정호승, 『밥값』, 창작과비평사, 2010.

2) 주제와 제재의 요건

주제와 제재는 다음과 같은 요건을 갖추어야 한다. 글에서 이들이 중요한 이유는 글의 가치를 결정적으로 좌우하기 때문이다. 글쓴이는 제재를 이용하여 독자적인 의미와 가치를 주제로 형상화한다. 그 주제는 전하고자 하는 내용을 명료하게 전달해야 한다. 주제의 범위가 막연하고 상투적인 것보다는 한정적이고 새로운 것이 좋다.

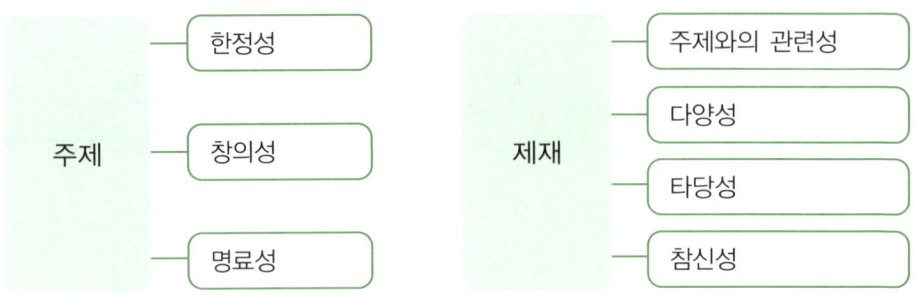

03 개요 짜기

마인드 매핑을 통하여 글감을 수집하고, 그 글감을 정리하여 소재와 제재와 주제를 결정한 다음 절차는 '개요 짜기'이다. 개요는 글의 내용에 대한 요약과 아울러 내용의 배열 순서를 정리하는 것이다. 우리가 흔히 접할 수 있는 단행본의 목차는 극도로 압축된 개요라고 할 수 있다.

건물을 지을 때 설계도가 필요하듯이, 글을 쓸 때 어떤 식으로 글을 전개할 것인가를 미리 그려 보는 개요가 필요하다. 개요를 작성함으로써 글 전체의 분량을 조절할 수 있고, 전체 내용의 비중도 효과적으로 분배할 수 있다. 예를 들어, 전체 내용을 서두 1/5, 본문 3/5, 결말 1/5, 또는 서두 1/7, 본문 5/7, 결말 1/7 등으로 분량을 조절할 수 있다.

만약 개요가 짧거나 내용이 간단할 경우에는 메모 형태로도 작성할 수 있다. 하지만 길이가 길거나 내용이 복잡할 때는 순서를 정하거나 워드 프로세서의 '개요 번호'나 '문단 번호' 기능을 이용하는 것이 혼동의 여지가 적다.

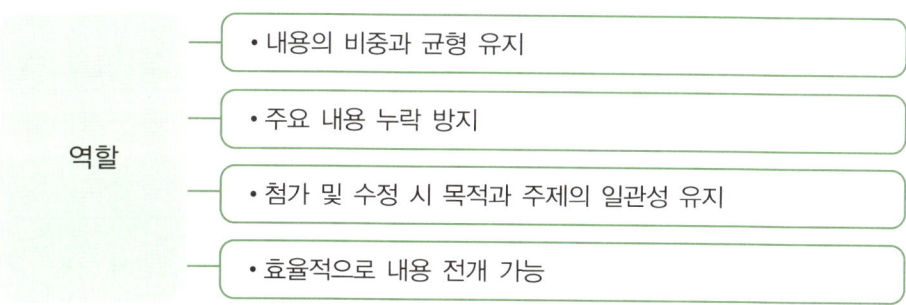

개요의 종류로는 항목 개요와 문장 개요가 있다. 어느 쪽을 택하든 뒤에 쉽게 이해할 수 있고 글을 집필하는 과정에서 혼동이 생기지 않도록 분명하게 작성해야 한다. 개요 항목의 단위는 글의 길이에 따라 다르다. 짧은 글일 때는 문단 단위로 개요를 작성하는 것이 좋지만, 긴 글의 개요는 장이나 절, 항 중의 어느 하나를 단위로 하여 작성하는 것이 좋다.

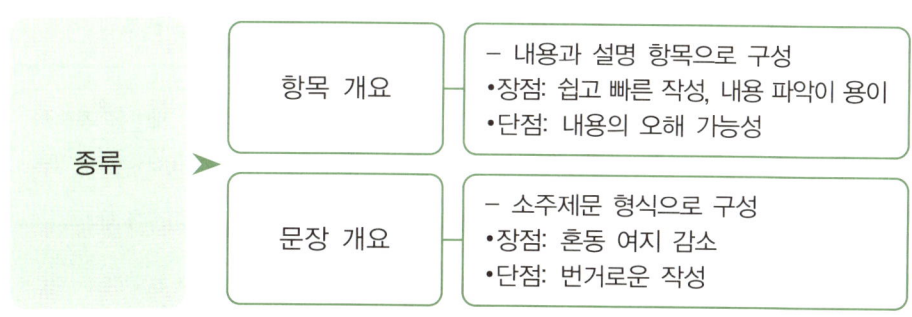

작성할 때 유의할 점은 다음과 같다.

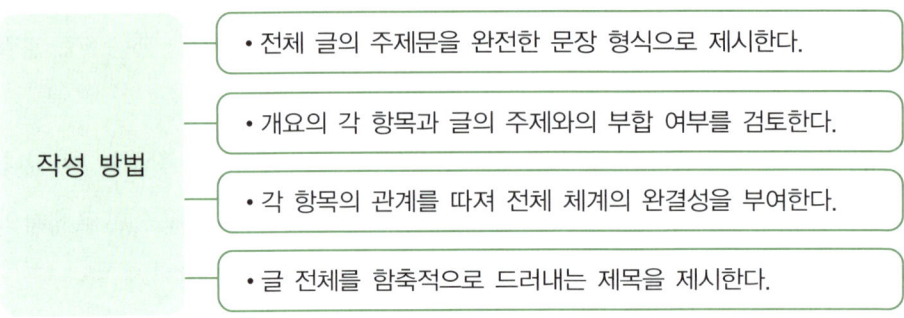

아래는 '우리 문화 콘텐츠의 향후 전개 양상'으로 글을 쓸 때의 개요 예시이다.

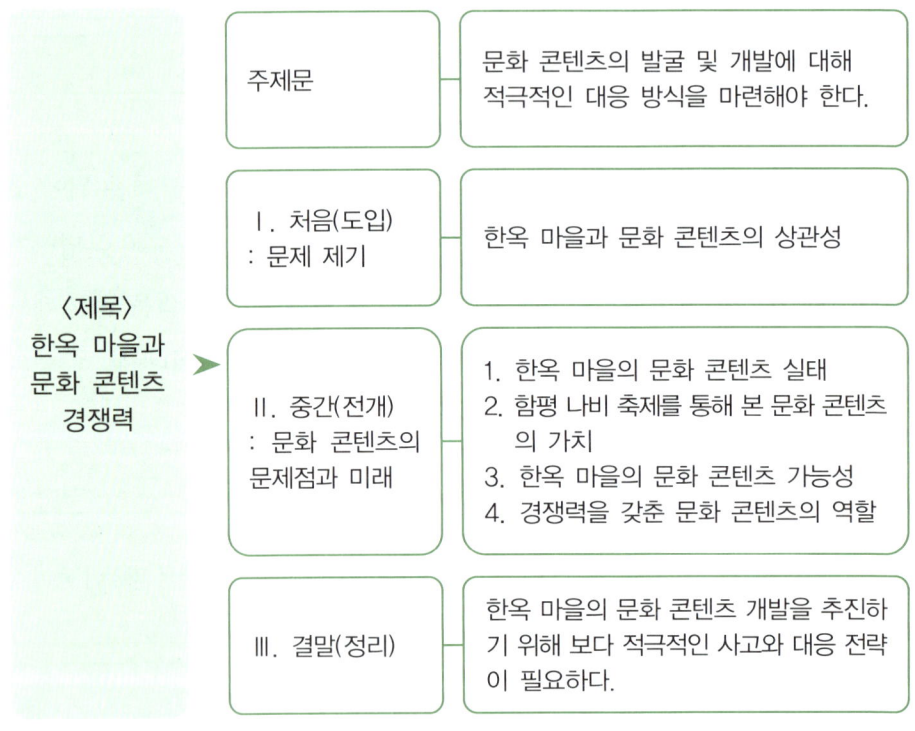

집필과 다듬기

1) 서론

서론은 독자의 관심을 불러일으키고, 본론의 내용을 자연스럽게 이끌어 내는 역할을 한다. 따라서 서론은 독자의 관심과 호기심을 유도할 수 있도록 참신하게 시작해야 한다. 또한 서두는 글 전체의 전개 방향을 제시하고, 문제 제기를 할 수도 있다. 서론에서 독자의 눈길을 사로잡기 위해서 주로 사용하는 방법은 다음과 같다.

내용	• 재미있는 일화나 속담을 인용한다. • 대중에게 널리 알려진 위인의 말을 인용한다. • 개인적인 경험을 제시하여 독자의 공감을 불러일으킨다. • 보편적인 화제를 사용한다. • 창의적인 아이디어로 승부한다.
형식	• 주술 관계를 뒤집은 도치문을 활용한다. • 평서문이 아닌 의문문, 감탄문을 사용한다. • 긍정문이 아닌 부정문으로 시작한다. • 너무 길거나 산만하지 않도록 주의한다.

위인의 말을 인용한 문제 제기형 서론

인용문을 활용한 서론

보편적인 화제를 이용한 서론

개인적 체험으로 시작하는 서론

2) 본론

본론은 글쓴이의 의도가 독자에게 충분히 전달될 수 있도록 작성해야 한다. 그러기 위해서는 주장을 명확하고 상세하게 기술해야 하고 주장을 뒷받침하는 풍부한 자료들을 주장의 근거로 제시해야 한다. 따라서 본론은 서론과 결론에 비해 분량이 많을 수밖에 없다. 만약 어떻게 글을 써야 할지가 생각이 나지 않는다면 개요를 작성하면서 전달하고자 하는 내용을 항목화하여 1), 2), 3)으로 제시해 보도록 하자. 다만 항목을 너무 많이 나열하면 전체 내용이 산만해지고, 정리되지 못한 느낌을 줄 수 있기 때문에 유의해야 한다.

본론을 구성하는 효과적인 방법으로는 다이아몬드형, 피라미드형, 역피라미드형이 있다.

분류	배치 방법	특징
다이아몬드형	도입: 좁고 가볍게 구성 | 핵심 내용: 넓고 무겁게 구성 | 보충 설명: 좁고 가볍게 구성	• 가장 보편적인 구성 방식 • 모든 장르의 글에서 일반적으로 사용
피라미드형	도입 | 보충 설명 / 논거 | 핵심 내용 / 주장	• 개별적이고 구체적인 사실을 통해 일반적이고 보편적인 결과를 이끌어 내는 귀납적 구성 방법 • 주로 논증 글에서 사용
역피라미드형	도입 / 대전제 | 전개 / 소전제 | 결론	• 대전제 → 소전제 → 결론의 전개 과정의 연역적 구성 방법 • 신문 기사와 논증 글에서 주로 사용

3) 결론

결론은 본론의 전체 내용을 간략하게 요약하고 전망을 제시하면서 글을 마무리하는 기능을 한다. 따라서 결론은 서론 및 본론과의 유기적 관계를 고려하면서도, 그 자체만으로 독립되고 완결된 단락이 되도록 구성해야 한다.

> **예문**
>
> ❶ 세상사는 반동과 역기능이 항상 있는 법. ❷ 벌써부터 휴대폰으로 인한 의사소통 파괴, 사기 난무, 가정 파탄, 개인 정보 누출 등 문제는 심각한 수준이다. ❸ 이웃 나라 일본에서는 휴대폰에만 매달리는 젊은이들을 '게이타이 바카(휴대폰 바보)'로 부르며 개탄한다. ❹ 기술 발전과 양(量)에만 눈을 팔기보다 휴대폰이 사회에 미치는 영향과 철학에 대해 진지한 논의를 서둘러야 할 때다. ❺ 그게 '휴대폰 4000만 시대'가 주는 또 다른 메시지가 아닌가 싶다.
>
> – 김웅철, 1인 1휴대폰 시대의 역기능, 매일경제, 2006. 11. 29.

위 예문은 휴대 전화와 관련한 글의 결론 부분이다. 본론에서 이미 충분히 휴대 전화의 역기능에 대해 기술했지만 글쓴이는 ❷에서 한 번 더 본론의 내용을 요약한다. 요약된 문장을 강조하기 위해 ❸과 같은 뒷받침 문장/보충 문장을 배치하고 있다. 글쓴이는 여기서 그치지 않고 ❹와 ❺에서 문제의 시급성을 강조하고 해결을 위한 방안을 마련을 촉구하고 전망하면서 글을 끝맺고 있다. 위 예문은 결말 부분이지만 보편적인 글의 구성 방식인 서론, 본론, 결론을 갖춘 독립된 하나의 완결된 글이 되기도 한다.

결론을 작성하는 방법으로 가장 보편적으로 쓰이는 것은 마무리 어구 활용이다. '이를 다시 정리하면, 이상에서 살펴본 바처럼, 결론적으로 말하자면' 등의 마무리 어구는 본론과 결론을 확실하게 구분해 준다.

결론을 작성할 때는 다음 사항을 유의해야 한다.

| 유의 사항 | • 서론이나 본론에서 썼던 말을 그대로 쓰지 마라.
• 상투적인 교훈이나 격언으로 마무리하지 마라.
• 애매모호한 전망이나 제시를 피하라. |

4) 글 다듬기

글쓰기에서 가장 중요하게 고려해야 할 단계 중 하나가 글 다듬기, 곧 퇴고(推敲)이다. 퇴고란 글을 다 쓰고 난 뒤 최종적으로 글을 점검하는 과정이다. 이 과정에서 단락과 문장의 재배치, 불필요한 단락이나 문장 혹은 단어의 삭제, 첨가, 수정 등이 이루어진다.

글 가운데는 약간의 관심을 가지고 고치면 훨씬 좋아지는 것들이 있다. 이때 필요한 것이 퇴고이다. 문제가 있는 부분을 글쓴이가 약간 손보는 것만으로도 글의 수준이 달라질 수 있다. 퇴고 과정에서 고쳐야 할 곳이 글의 전체 구성상의 영역일 수도 있고, 부분적인 문장일 수도 있다. 물론 전체 내용을 완전히 고치기란 불가능하지만 어느 정도 글 다듬기 과정을 거치면 글쓴이 스스로가 느끼기에도 상태가 많이 좋아졌음을 알 수 있다.

글은 기본적으로 큰 단위에서 작은 단위의 순서로 다듬는 것이 좋다. 그런데 퇴고에서 글 전체의 구성을 고치기란 불가능에 가깝다. 이 말은 글 작성에 앞서 전체 개요 작성에 일정 정도 이상의 시간을 안배할 필요가 있다는 의미이다. 전체 다듬기나 단락 다듬기에 비해 부분 다듬기는 비교적 쉽다. 전체 내용을 바꾸지 않는 범위 내에서 문제가 있는 부분만을 고치면 되기 때문이다. 부분 다듬기를 통하여 문법에 오류가 있는 부적절한 문장을 수정하고, 문장의 문맥을 고치는 일은 글 전체의 완성도를 높이기 위해 반드시 필요한 작업이다.

또한 부분 다듬기 과정에서는 맞춤법, 띄어쓰기 등의 어문 규정에 맞지 않는 표현을 수정하여 정확한 문장이 되도록 한다.

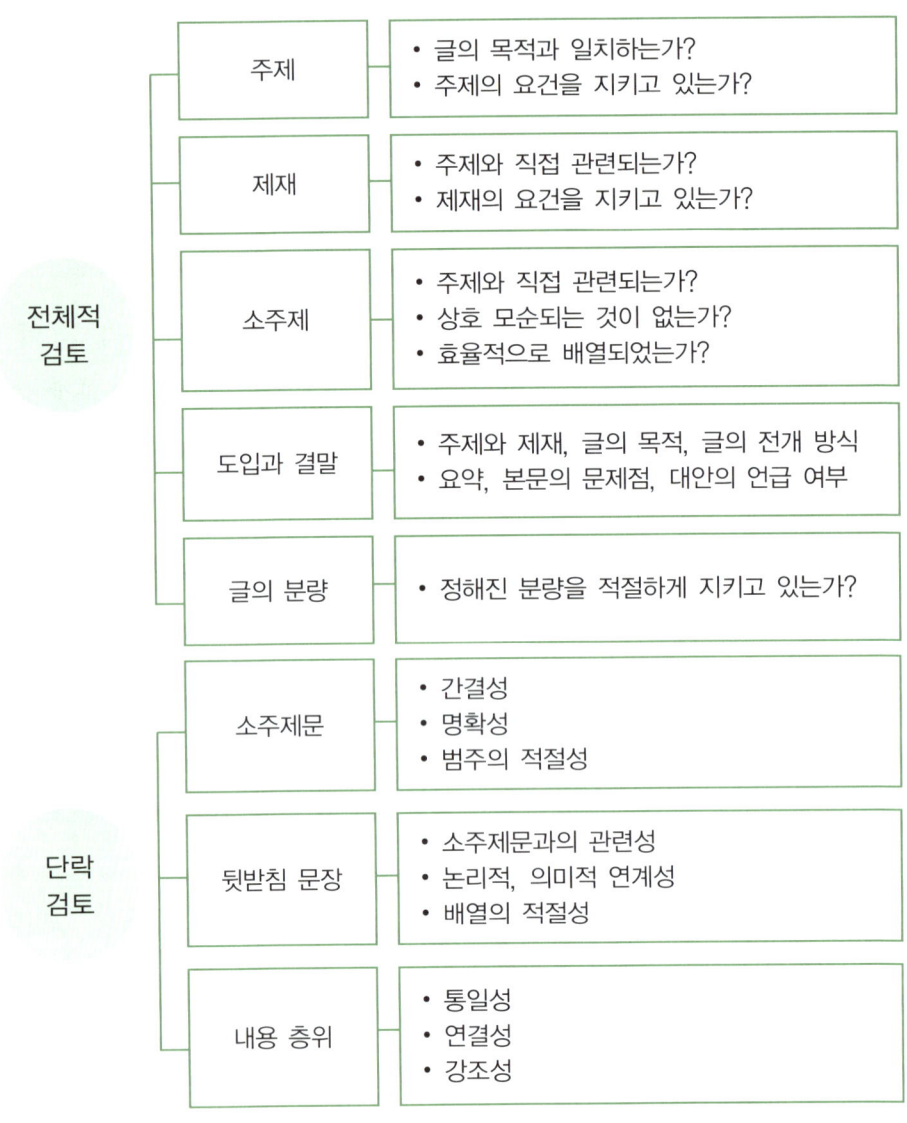

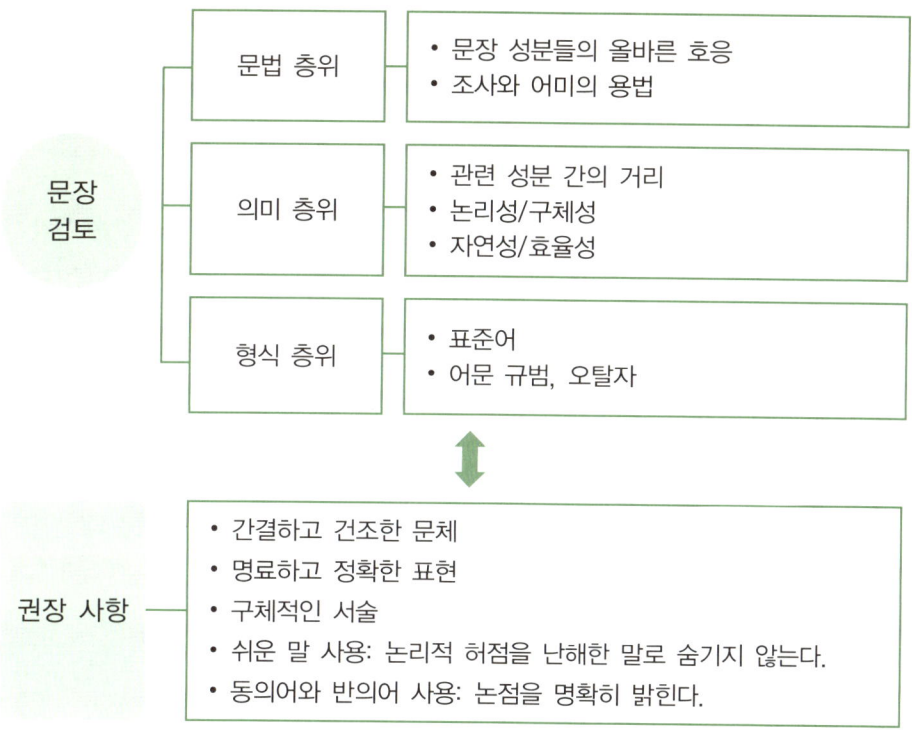

읽을거리 2

다음 글을 읽고 글쓰기 자세와 글쓰기 과정에 대해 생각해 보자.

웬일인지 나는 원고를 쓸 때면, 손가락으로 바위를 뚫어 글씨를 새기는 것만 같은 생각이 든다. 그것은 얼마나 어리석고도 간절한 일이랴. 날렵한 끌이나 기능 좋은 쇠붙이를 가지지 못한 나는, 그저 온 마음을 사무치게 갈아서 손끝에 모으고, 생애를 기울여 한 마디 한 마디, 파 나가는 것이다.

그리하여 세월이 가고 시대가 바뀌어도 풍화·마모되지 않는 모국어 몇 모금을 그 자리에 고이게 할 수만 있다면 그리고 만일 그것이 어느 날인가 새암을 이룰 수만 있다면, 새암은 흘러서 냇물이 되고, 냇물은 강물을 이루며, 강물은 또 넘쳐서 바다에 이르기도 하련만, 그 물길이 도는 굽이마다 고을마다 깊이 쓸어안고 함께 울어 흐르는 목숨의 혼불들이, 그 바다에서는 드디어 위로와 해원의 눈물 나는 꽃 빛으로 피어나기도 하련마는, 나의 꿈은 그 모국어의 바다에 있다.

어쩌면 장승은 제 온몸을 붓대로 세우고, 생애를 다하여, 땅속으로 땅속으로, 한 모금 새암을 파고 있는 것인지도 모른다. 그리운 마을, 그 먼 바다에 이르기까지…….

– 최명희, "손가락으로 바위를 뚫어", 〈http://www.honbul.go.kr/01c_03.htm〉.

제3장 단락 쓰기

1. 단락이란
2. 단락의 구성과 전개
3. 소주제문과 뒷받침 문장
4. 단락의 유형

01 단락이란

 글의 종류와 분량에 따라 다르지만 모든 글에는 일정하게 표현되는 형식이 있는데, 책이나 글을 읽다 보면 글 사이사이의 빈 공간, 즉 띄어쓰기를 보게 된다. 마치 공간의 미를 살리려는 듯이 보이지만 띄어쓰기가 되어 있지 않은 글은 읽기가 쉽지 않고 의미 전달도 잘 안 된다. 그 다음에는 글자가 아닌 부호들이 보인다. 특히 한 문장이 끝나면 반드시 '마침표'라는 문장부호를 찍게 되어 있다. 이번에는 책이나 한 편의 글 전체를 살펴보자. 문장이 모여 있는 무더기가 보일 것이다.

 글의 구조를 살펴보면 단어가 모여서 문장을 이루고, 문장들이 모여서 하나의 중심 생각을 드러내고 있음을 알 수 있다. 이렇게 하나의 중심 생각을 드러내는 글의 토막을 단락이라고 한다. 이처럼 하나의 완성된 글은 단어와 문장, 단락으로 구성되어 이루어진다. 단어는 그 자체로도 의미가 있지만 문맥에 따라 달라질 수 있다. 단어들이 모여 문장을 이룰 때 비로소 확실한 의미가 드러난다. 그러나 하나의 문장만으로 글 전체 의미가 잘 전달되지는 않는다. 단어가 모여 문장이 되고 문장이 모여 단락을 이루고, 다시 단락이 모여서 하나의 완성된 글이 되는 것이다. 즉, 단락은 글을 쓸 때 글의 내용을 효과적으로 전달하는 유용한 수단이다.

 단락은 한편의 글에서 부분인 동시에 하나하나의 문장들이 모인 집합체이다. 한 편의 글에 통일성과 긴밀성, 그리고 완결성이 있어야 하듯이 단락에도 이러한 세 요소가 있어야 한다. 한 편의 글에서 단락은 그 자체로 완결되어야 하고, 또한 글 전체에서는 유기적으로 작용하여야 한다. 단락은 단순히 글 읽기가 지루해서 중간 중간에 그저 줄을 기계적으로 바꾸어 놓은 것이 아니기 때문이다. 따라서 단락을 이해하고, 잘 쓰는 일은 글을 읽을 때나 쓸 때 모두 필수과정이다.

단락은 앞서 살폈듯이 글의 부분이다. 문장이 모여 내용을 연결하고 연관된 문장이 모여 단락을 이루고 관련 있는 단락이 모여 글을 이룬다. 그리고 이런 단락들이 모여 한 편의 글이 되거나 책을 이루는 장이 된다.

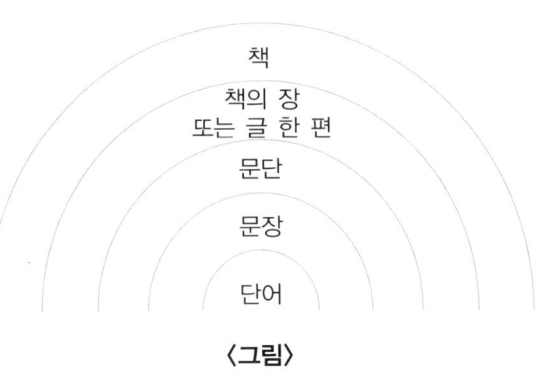
〈그림〉

따라서 책은 가장 큰 의미 단위로써 글보다 다루는 대상이 복잡하고 범위가 넓다. 책의 장이나 글은 단락보다는 범위가 넓고 복잡함을 알 수 있는데, 단락은 일반적으로 글보다 짧고 다루는 대상이 단순하며 범위가 좁다. <그림>은 단어와 문장, 그리고 단락과 책의 관계를 잘 보여 준다.

단락은 대체적으로 내용이 단순하면 길이는 짧아질 것이며, 반대로 복잡하면 길어질 것이다. 하지만 단락의 길이가 너무 길거나 짧으면 좋지 않다는 것을 명심해야 한다. 단락의 길이가 짧으면 주제가 잘 드러나지 않거나 충분히 설명되지 않은 것이며, 너무 길면 내용이 복합적이거나 복잡하여 여러 단락으로 나눌 만큼 많은 내용을 포함하고 있는 경우가 많다. 단락의 길이는 내용뿐만 아니라, 글을 발표하는 지면과 글의 목적에 따라서도 다양하게 쓸 수 있다. 적당한 단락의 길이는 대략 8~12문장 정도라고 생각하고 연습하면 된다. 따라서 본 교재에서 연습하는 단락은 위와 같은 문장이 될 것이다.

02 단락의 구성과 전개

　단락은 몇 개의 문장이 모여 하나의 중심 생각을 전개하여 나가는 문장들의 집합체이다. 대부분의 단락은 하나의 중심 생각을 나타내는 데 목적이 있으므로 주제문 역할을 하는 중심 문장이 있다. 중심 문장은 그 단락이 무엇에 대하여 말하려고 하는지를 알려주는 문장이므로 중심 생각을 충분히 표현할 수 있을 만큼의 길이여야 한다. 보통 단락의 주제문도 흔히 주제 문장이라고 표현하는데, 단락의 주제 문장은 소주제문이라고 해야 한다. 즉, 중심 문장은 단락 단위의 주제를 표현한 문장으로써 소주제문이라 한다. 글 한 편의 주제 문장은 글 전체의 주제를 한 문장으로 나타내므로 소주제문과 구분하여 주제문이라 해야 한다.

　모든 단락들은 똑같지는 않지만, 거기엔 공통점이 있다. 어느 단락에나 있어야 할 기본 요소들을 생각해 보자. 단락의 목표는 하나의 중심 생각을 전달하는 데에 있으므로, 단락에는 반드시 중심 생각이 있어야 하고 단 하나여야 한다. 만약에 전달하고자 하는 중심 생각이 둘 이상이라면 단락도 그에 맞게 둘 이상으로 구성해야 한다. 두 개 이상의 중심 생각을 가지고 있는 단락은 전달하려고 하는 의미를 효과적으로 전달할 수 없다. 그러므로 하나의 중심 생각만을 전달하기 위해서는 쓰고자 하는 대상을 한 단락에 담을 수 있도록 대상을 제한하고, 하나의 대상에만 초점을 맞춰야 한다.

　단락을 제한하는 데 일정한 방법이 있는 것은 아니다. 필자인 여러분이 글을 쓰는 대상 안으로 깊게 들어가면 갈수록 단락은 대상의 범위가 점점 좁아지고 제한된다. 쓰고자 하는 대상의 범위를 제한하면 그 대상을 좀 더 자세히 그리고 분명히 들여다 볼 수 있고 마찬가지로 더 세밀하고 실감나게 표현할 수 있다.

예문 1

남도의 봄빛

유난히도 봄이 일찍 찾아온 금년 3월 28일, 강진 땅의 모든 봄꽃이 피어 있었다. 산그늘마다 연분홍 진달래가 햇살을 받으며 밝은 광채를 발하고 있었고, 길가엔 개나리가 아직도 노란 꽃을 머금은 채 연둣빛 새순을 피우고 있었다. 무위사 극락보전 뒤 언덕에는 해묵은 동백나무에 선홍빛 동백꽃이 윤기나는 진초록 잎 사이로 점점이 붉은 홍채를 내뿜고, 목이 부러지듯 잔인하게 떨어진 꽃송이들은 풀밭에 누워 피를 토하고 있었다. 그리고 강진읍 묵은 동네 토담 위로는 키 큰 살구나무에서 하얀 꽃잎이 떨어져 내리고 있었다. 이것이 바로 남도의 봄빛이었다.

- 유홍준, 〈나의 문화 유산 답사기〉

단락을 제한할 때에는 초점을 맞춰야 한다. 단락을 쓸 때 여러분의 주요 관심거리가 무엇인가를 정하였으면 그것이 명확한 것인지 확인하면서 초점을 맞춰야 한다. 아래의 [예문 2]와 [예문 3]의 차이가 무엇인지 생각하면서 읽어 보자.

예문 2

아버지의 얼굴은 험상궂게 생겼다. 그의 얼굴은 거칠거칠하며 덥수룩하게 털이 나 있고 살결은 가죽 같고 주름살이 많다. 코와 뺨 주위에는 커다란 땀구멍들이 있다. 그는 코를 젊은 시절에 두 번이나 다친 적이 있어서 그의 얼굴은 많은 게임에서 진 권투 선수처럼 보인다. 그가 웃지 않을 때에는 그의 입은 굳어져서 약간 위협적으로 보인다. 턱은 단단하고 모가 나 있다. 면도를 하거나 말거나 아버지의 얼굴은 험상궂게 보인다.

- 캐슬린 E 설리반, 〈문단 훈련〉

예문 3

　나의 아버지에 관해 말하면 그는 자녀들에게 엄격하며 특히 나에게 더욱 그러하다. 내가 숙제를 다 끝내지 않으면 외출을 하지 못하게 한다. 그는 키가 크고 다소 마른 편이다. 어떤 이들은 그가 좋은 인상을 준다고 말한다. 그는 곱슬거리는 멋진 회색 머리카락을 가졌다. 그는 생을 즐기는 낙천가이다. 나의 아버지는 재미있는 분이다.

- 캐슬린 E 설리반

　[예문 2]는 글의 대상이 아버지이고 그 중에서 얼굴에 집중하고 있다. 하지만 [예문 3]은 아버지에 대하여 나를 비롯한 자녀들에게 엄격함, 풍기는 인상이 드러난 외모, 인생관 등 모든 면을 한 단락에서 쓰고 있다. 따라서 [예문 3]은 초점이 없는 글이 되었다.

03 소주제문과 뒷받침 문장

　전체 글의 핵심을 주제라 하고 단락의 핵심을 소주제라 한다. 소주제는 글 전체 주제의 일부를 형성하는 하위 개념임과 동시에, 단락이라는 토막글의 주제로써의 기능을 가지는 것이다.

1) 단락의 구조

　일반적인 단락의 구성은 핵심 문장인 소주제문과 뒷받침 문장으로 이루어진다. 소주제문은 어떤 한 단락에서 드러낼 내용의 핵심을 나타낼 문장을 말한다. 소주제나 주제는 대체적으로 글의 요지를 간추린 것이라고 할 수 있는데 대개는 추상적이고 포괄적인 개념이다. 추상적이고 포괄적인 개념은 관념적이어서 독자가 쉽사리 이해하기 어려운 경우가 많다. 따라서 소주제를 알기 쉽게 뜻풀이를 하거나 다른 쉬운 말로 바꾸어 되도록 자세히 해석해 나가는 것이 필요한데 이를 뒷받침 문장이라 한다. 뒷받침 문장은 소주제를 알기 쉽게 부연하는 내용인데, 예를 들거나 논증하는 등 소주제문을 제외한 다른 모든 문장을 일컫는다.

예문 4

　①지조를 지키기란 참으로 어려운 일이다. ②자기의 신념에 어긋날 때면 목숨을 걸어 항거하여 타협하지 않고 부정과 불의한 권력 앞에서 최저의 생활, 최악의 곤욕을 무릅쓸 각오가 없으면 섣불리 지조를 입에 담아서는 안 된다. ③정신의 자존(自存) 자시(自恃)를 위해서는 자학(自虐)과도 같은 생활을 견디는 힘이 없이는 지조는 지켜지지 않는다. ④그러므로 지조의 매운 향기를 지닌 분들은 심한 고집과 기벽(氣癖)까지도 지녔던 것이다. ⑤신단재(申丹齋) 선생은 망명 생활 중 추운 겨울에 세수를 하는데 꼿꼿이 앉아서 두 손으로 물을 움켜 얼굴을 씻기 때문에 찬 물이 모두 소매 속으로 흘러 들어갔다고 한다. ⑥어떤 제자가 그 까닭을 물으매, 내 동서남북 어느 곳에도 머리 숙일 곳이 없기 때문이라고 했다는 일화가 있다.

- 조지훈, 〈지조론〉

　위의 예문은 모두 6개의 문장으로 소주제문과 뒷받침 문장으로 이루어진 단락이다. 이 글에서 글쓴이가 드러내고자 하는 핵심인 중심 생각은 ①에 있으므로, ①이 소주제문이 된다. 그리고 ②~⑥의 문장은 ①의 소주제문을 뒷받침하는 뒷받침 문장이다. 그러므로 이 글의 소주제는 '지조 지키기의 어려움'이며 ②, ③, ④문장은 구체적인 상세히 서술하여 설명하였고 ⑤, ⑥에서는 예시의 방법으로 소주제를 뒷받침하여 단락을 전개하고 있다. 이처럼 뒷받침 문장은 소주제문과 내용면에서 일치하여야 하고 단락의 길이, 즉 분량도 충분해야 한다.

2) 소주제문과 뒷받침 문장

단락은 하나의 주제와 그 주제문을 전개시켜 나가는 일련의 문장들인데, 소주제문으로부터 더 세부적인 이야기로 확대해 나가는 과정이 단락의 전개이다. 단락을 잘 쓰기 위해서는 소주제문은 되도록 명확한 문장으로 표현하여야 하고 단일하며 적절한 범주의 개념이어야 한다. 글 한 편의 전체 주제도 마찬가지지만, 소주제의 경우는 짧막한 분량으로 써야 하므로 단일한 개념이 바람직하다. [예문 2]에 드러난 것처럼 소주제문은 단일한 구심점, 즉 하나의 초점이어야만 집중력이 강하기 때문에 다루기 편하다.

예문 5

우리 대학은 새로운 캠퍼스가 필요하다. 새로운 캠퍼스가 조성되어야 하는 주된 이유 세 가지이다. 첫째 현재의 캠퍼스는 학생 숫자에 비해 넓이와 각 건물로 연결되는 도로, 강의실 등이 너무 비좁은데 문제는 확장할 공간이 없다는 것이다. 둘째, 캠퍼스에 흩어져 있는 대다수의 건물들은 조형미를 찾아 볼 수 없다. 우리 대학의 건물들은 획일적이고 마치 낡은 중·고등학교 건물처럼 느껴져 대학 분위기를 자아낼 만한 구석은 한 군데도 없다. 셋째, 학생들이 외국어를 공부할 수 있는 어학실습실이나 체력과 스트레스 해소에 도움이 되는 수용 능력이 절대적으로 부족하다. 새로운 캠퍼스에 대한 또 다른 절실한 요청들이 있지만 실현 가능성은 거의 없는 실정이다.

예문 6

    우리 대학은 완전히 초만원이다. 캠퍼스 안 공간이 부족하다는 것은 곳곳에서 쉽게 발견할 수 있다. 강의실의 학생들은 꽉 차서 통조림 속의 생선 모양 같은데, 그들 중의 일부는 바닥에 앉아서 강의를 들어야 할 정도다. 많은 학생들이 찾는 도서관은 복도와 층계에 서서 공부해야만 될 정도로 빽빽하게 들어차 있다. 학생들이 배가 고플 때 가는 구내식당은 흡사 배불뚝이의 배처럼 금방 미어터질 정도로 붐빈다. 이처럼 캠퍼스는 어느 곳이나 초만원이어서 학문 탐구의 전당이라기보다는 많은 사람들이 붐비는 시장 같아 보인다.

예문 7

    우리 대학의 식당은 캠퍼스에서 가장 붐비는 장소 중의 하나다. 음식을 사기 위하여 서 있는 줄은 자주 길게 늘어 서 있어 학생들과 함께 먹을 생각을 포기한다. 만일 그가 음식을 다 먹기 전에 편하게 먹을 장소를 발견하면 다행이다. 그가 민첩하다면 음식이 식기 전에 먹을 수 있는 자리를 찾을 수도 있을 것이다. 그러나 일단 자리를 잡았어도 사람들이 북적거리는 주위의 환경과 소음, 그리고 숨막히는 불쾌한 공기 속에서 식욕을 잃고 만다. 또한 그는 그 자리에서 쉽게 벗어날 수가 없다. 식당을 나오는 것 또한 식당에 들어갈 때와 똑같은 전쟁을 치러야 하기 때문에 처량한 느낌마저 든다. -캐슬린 E. 설리반, 문단훈련 -

    [예문 5]는 지나치게 포괄적인데 여기에서는 캠퍼스 전부를 한 단락에서 다루게 되면 대충 언급하고 넘어가도 상당히 긴 단락이 된다. 그리고 캠퍼스 모두를 자세히 다루려고 하면 단락이 너무 길어서 읽기에 부담을 줄 수가 있을 것이다. 오히려 [예문 5]는 한 편의 글을 쓰기 위한 개요에 해당한다고 볼 수 있다. 이럴 경우에는 캠퍼스를 세부 항목으로 나누어서 각기 한 단락씩으로 다루면 더 자세히 설명할 수 있고 또 초점이 선명한 단락이 될 수가 있을 것이다. [예문 6]은 좀 더 구체적이지만 여전히 한 문단에서 다루기에는 내용이

너무 많고, [예문 7]과 같이 작은 부분에 초점을 맞추어 그것을 구체적으로 진술하는 글을 써야 한다.

소주제문은 그 표현이 명확하고 구체적이어야 하며 간명해야 한다. 다음 예문들을 서로 비교하여 보자.

예문 8

① 사람은 이성적 동물이다.
② 사람은 이성적 동물이라 생각한다.
③ 사람은 이성적 동물이라고 하는 데 그 특징이 있지 않을까?
④ 사람은 이성적 동물일 것 같다.
⑤ 사람은 이성적 동물일 것 같은 생각이 든다.

[예문 8]처럼 여러 표현 형식은 글쓴이가 어느 문장에서 명제에 대한 확신을 가지고 있는지 살펴볼 수 있다. 그 결과 소주제문으로써 바람직한 문장은 ①이며 ②나 ③ 정도는 허용될 수도 있겠다. 하지만 ②와 ③을 비롯하여 나머지는 피하는 것이 좋겠다. 그 이유는 자신이 확신을 못 가지고 막연한 추정을 해서는 독자에게 설득력이 없기 때문이다.

잘 쓴 단락의 소주제문은 뒷받침 문장에 의해 적절하게 보충된다. 뒷받침 문장은 소주제문을 발전시키고, 일정한 방향으로 끌고 나가야 한다. 뒷받침 문장을 쓸 때 주의할 점은 소주제문을 그대로 되풀이한다든지 내용을 분석하거나 예를 제시하지 않고 제자리걸음만 해서는 안 된다. 뒷받침 문장은 그 단락의 핵심 문장인 소주제문과 밀접하게 관련된 것이라야 한다. 소주제와 관련이 없는 문장은 뒷받침 문장이라고 할 수가 없다.

단락의 기본 구성은 소주제를 전개하면서 중심 문장을 향하여 응집되는 뒷받침 문장으로 이루어진다. 즉, 한 단락은 소주제문 하나에 여러 개의 뒷받침 문장으로 이루어진다. 그러므로 주제문은 뒷받침 문장이 함께 드러나도록 쓴다. 이렇게 글을 쓰면 필자나 독자는 전체 글의 윤곽을 훨씬 더 명확하게 알게 된다. 뒷받침이 없는 주제 문장은 막연한 생각으로 표현되어 있어서 글의 전개나 구성에 대하여 아무런 암시도 주지 못한다. 뒷받침 문장의 일반적인 표현 형식은 '~ 때문에, ~이므로, ~에서, ~에 의해, ~함으로써, 왜냐하면, ~하지만 ~한다.'로 쓴다.

　뒷받침 문장은 필요하고도 충분한 분량이어야 한다. 각 문장들이 소주제문을 전개하기에 필요한 내용들을 뒷받침하여 충분하게 나타내어야 한다. 소주제를 제시하여 놓고 내용들이 충분하게 뒷받침되지 않으면 그 단락은 명확한 의미를 전달하지 못한다. 그런 단락은 문제를 제시하고 아무 해결 없이 넘어가는 것이 된다. 그리고 짧은 길이의 단락으로도 내용 전달이 충분하면 소주제문을 가지고 지루하게 끌 필요가 없다. 내용 전개는 되도록 상세하게 하는 것이 글의 깊이와 무게를 더하지만 적절한 선에서 끊는 것도 필요하다.

단락의 유형

　모든 단락은 단 하나의 생각을 명확하고 효과적으로 전달하려는 근본 목적을 가지고 있지만, 그렇다고 단락 모두가 같은 방식으로 구성되는 것은 아니다. 단락의 중심 생각인 소주제문은 단락의 어디에나 올 수 있다. 단락을 소주제문이 놓이는 위치에 따라 유형별로 나누면 다섯 가지로 구분할 수 있다.

> 유형 1 소주제문 + 뒷받침 문장① + 뒷받침 문장② + 뒷받침 문장③ ⋯
> 유형 2 뒷받침 문장① + 뒷받침 문장② + 뒷받침 문장③ ⋯ + 소주제문
> 유형 3 소주제문 + 뒷받침 문장① + 뒷받침 문장② + 뒷받침 문장③ ⋯
>   + 소주제문
> 유형 4 뒷받침 문장① + 뒷받침 문장② ⋯ + 소주제문 + 뒷받침 문장①
>   + 뒷받침 문장② ⋯
> 유형 5 뒷받침 문장① + 뒷받침 문장② + 뒷받침 문장③ ⋯

소주제문의 위치에 따라 나누면 [유형 1·2·3·4]와 같이 나눌 수 있고 [유형 5]는 소주제문이 겉으로 드러나지 않고 독자들이 느껴야 하고 간파해야 한다. 위의 다섯 가지 유형들 중에서 [유형 1]과 [유형 2]는 기본 유형이다. 많은 글을 읽어 보면 주제 문장을 단락의 처음이나 끝부분에 놓는 글들이 대부분임을 알 수 있다. [유형 3]~[유형 5]는 [유형 1]을 응용한 단락들이다. 중심 문장의 위치에 따라 [유형 1]은 두괄식, [유형 2]는 미괄식, [유형 3]은 양괄식, [유형 4]는 중괄식이라 부른다.

글 또는 단락에는, 항상 주제 문장이나 소주제문이 포함되어야 하는가? 생각과 사실을 설명하거나 논증하는 글은 주제 문장을 필요로 한다. 그러므로 주제 문장의 용법이나 쓰는 법에 대해 배우고 익히는 것은 중요하다. 그러나 이야기체의 글이나 묘사적인 글에서는 주제 문장이 필요할 때도 있고, 그렇지 않을 때도 있는데 [유형 5]는 이 경우에 속한다. 그리고 여러분이 창작 할 만큼 능숙하게 잘 쓰게 되면, 주제 문장이 필요한지 그렇지 않은지를 결정하는 위치에 있게 된다.

1) 두괄식

두괄식은 소주제문이 단락의 앞부분에 제시되고 그것을 뒷받침하는 문장들

이 제시되는 형태이다. 소주제문은 한 단락의 내용을 집약한 명제이므로 먼저 결론을 내놓고 그 뒤로 여러 가지로 풀이하거나 뒷받침하는 것이 된다. 이 유형의 장점은 글을 읽는 사람이 글쓴이의 생각을 먼저 밝히고 글을 전개해 나가기 때문에 무엇을 말하려는지 분명하게 이해할 수 있다. 또한 이러한 유형에서는 소주제문이 단문인 경우가 많고, 글의 전개가 명쾌하고 빠른 템포를 느끼게 한다. 두괄식으로 단락을 쓸 경우에는 필자나 독자가 잘 알고 있는 사항으로 쉽게 공감할 수 있는 내용을 다룰 때 선택하는 것이 좋다. 그 이유는 단락의 앞부분에 소주제문이 위치하여 필자와 독자의 생각이 같거나 쉽게 받아들일 수 있는 내용이어서 독자가 거부감 없이 필자의 생각에 동의하며 글을 읽어 나갈 수 있기 때문이다.

단락을 두괄식으로 쓸 것인지 미괄식으로 쓸 것인지는 필자의 글 쓰는 능력에 따라 달라진다. 글쓰기가 어렵게 느껴지거나 처음인 사람은 두괄식 쓰기를 권한다. 두괄식은 글쓴이가 자신의 의도를 상대방에게 단시간에 효과적으로 전달하는 데에 적당하다. 그리고 두괄식 단락 쓰기는 먼저 자신의 생각을 밝히고 그 다음에 필자 자신의 생각을 부연 설명하여 밝히면 되기 때문에 글의 논지가 잘 흐트러지지 않기 때문이다. 아래 예문을 보자.

예문 9

그러나 다른 한편 20세기는 계몽시대 이래 꾸준히 계속된 ⓐ과학의 신비화에 제동이 걸리면서 과학이 인류에게 낙원을 가져다 줄 것이라는 믿음이 무너지고, 일반 대중들이 과학기술과 관련된 사회적 문제에 적극적으로 진출하기 시작한 시대이기도 하다. ①양차 세계대전에서 사용된 독가스와 원자폭탄은 사람들에게 과학이 인류를 파멸로 이끌어 갈지도 모른다는 두려움을 불러일으켰다. 또한 ②자연을 개발의 대상으로 전락시키고 무분별하게 착취한 결과로 발생한 환경오염과 생태계 파괴 역시 과학기술에 대한 인식의 전환을 불러왔다.

- 김동광, 〈거대화한 과학과 왜소화한 인간〉

위 단락에서 밑줄 친 부분이 소주제문이다. 나머지 부분은 이 소주제문의 내용을 예를 들어 부연하는 뒷받침 문장들이다. 이 단락에서 소주제문만 제시되면 글을 읽는 사람들은 과학기술에 대한 인식의 전환이 나타난 20세기 의미를 잘 이해하기 어렵다. 하지만 ①과 ②의 내용을 읽어보면 소주제문 가운데 특히 ⓐ부분 '과학의 신비화에 제동이 걸리면서 과학이 인류에게 낙원을 가져다 줄 것이라는 믿음이 무너진다'는 의미가 무엇인지 구체적으로 쉽게 이해할 수 있을 것이다.

2) 미괄식

미괄식은 마지막 부분에 소주제문을 제시할 수 있도록 앞부분에 관련 문장들인 뒷받침 문장들을 차례로 제시하는 방식으로써 결론을 점차 유도하는 방식이다. 따라서 미괄식은 글을 전개해 나가면서 글의 내용을 필자의 생각으로 귀결시켜 나가는 방식이어서 글이 논리적이라는 느낌을 준다. 이 유형은 독자는 잘 모르고 생소하지만 필자는 글을 쓰는 분야에 전문가여서 잘 아는 경우에 쓴다. 즉, 미괄식은 필자가 자신의 주된 생각을 독자들이 쉽게 받아들이기 어려운 경우에 쓴다. 쉽게 받아들이기 어려운 경우란 필자의 주장을 받아들이기 힘들거나 필자의 주장에 대하여 동조하거나 공감하는 판단을 보류하는 경우이다. 이럴 때는 누구나 알기 쉽거나 일반적인 내용으로 단락을 시작하여 독자의 이해와 공감을 얻고, 필자의 생각에 공감하도록 이해시켜야 한다.

미괄식을 쓸 때는 세심하게 주의를 기울여서 써야 한다. 두괄식은 소주제문이 앞에 나와 있으므로 집중적으로 뒷받침하여 내용을 전개하기가 쉽다. 그러나 미괄식은 두괄식의 경우와는 다르게 세심한 주의를 기울여 내용을 표현해야 한다. 미괄식은 소주제문을 미리 제시하지 않은 채 부연 설명하여 뒷받침하므로 자칫 잘못하면 빗나기가 쉽다. 또 소주제의 내용을 너무 성급하게 유도하여 효과를 감소시킬 우려도 있다. 이렇게 미괄식 단락의 장점은 중심 문장이 단락의 마지막에 위치하기 때문에 글의 긴장감이 유지된다. 이는 장점이자 단점이 될 수 있는데 이유는 미괄식은 소주제문에 도달할 때까지 일관되게 긴장을 유지하도록 해야 하므로 글쓰는 이의 부담이 클 수밖에 없기 때문이다. 아래 예문을 살펴보자.

예문 10

며칠 뒤 이번에는 고무신을 신고 같은 곳을 찾아가게 되었다. 일부러 그리 한 것이 아니라 고무신을 신고 근처로 나들이를 나왔다가 내처 그곳까지 가게 된 것이다. 얇은 고무 밑창을 통해 전해지는 땅의 굴곡과 작은 돌들의 속삭임이 정겹게 느껴졌다. 무심코 제법 큰 돌의 모서리를 밟은 모양이다. 아팠다. 어쩔 수 없이 딛고 다니기 쉬운 길을 골라 갈 수밖에 없었다. 그러다 보니 군화를 신고 갈 때보다 더 세심히 주위를 살피게 되었고 발놀림도 조심스러웠다. 장시간 산행이 곤란하니 개울을 만나면 물가에 발을 담그고 앉아 쉬고, 너럭바위를 만나면 바위에 걸터앉아 쉬게 되므로 자연히 동행한 사람과 많은 이야기를 하게 된다. <u>고무신을 신고 확실히 알게 된 것은 자연 앞에서 겸손하지 않으면 다친다는 것, 그리고 겸손한 만큼 자연을 더 잘 알게 된다는 것이었다.</u>

위 예문에서 필자가 말하고자 하는 소주제문이 밑줄 친 부분인데 이 주장은 추상적이고 피상적이어서 이에 대한 의견에는 어느 정도 이해가 가지만, 정말 그런지에 대해서는 얼른 수긍하기가 어렵다. 즉, 독자가 판단을 쉽게 하지 못하고 보류할 내용이다. 그러므로 글쓴이는 소주제문을 드러내기 전에 독자가 필자의 생각이 옳다고 할 수밖에 없도록 내용을 전개해야 한다. 미괄식의 전개는 상당한 주의와 세련된 솜씨가 필요할 때가 많다. 따라서 글을 써본 경험이 많거나 단락에 대한 개념을 확고하게 가지고 있어야 미괄식으로 쓸 수 있다.

3) 중괄식

 대부분의 단락은 두괄식과 미괄식으로 전개하지만 글을 쓸 때 필요하거나 쓰다보면 약간씩 변형되기도 한다. 글을 쓸 때 소주제문을 매번 단락의 앞부분과 뒷부분에만 놓을 수 없기 때문이다. 중괄식은 단락들이 매끄럽게 흐를 수 있도록 글이 자연스럽게 연결되도록 소주제문을 중간에 제시하여 표현하는 방법이다. 단락의 앞부분에서 유도 과정을 거쳐서 중간 부분에서 소주제문을 제시하고 뒷부분에서 보충하여 뒷받침한다.

 중괄식은 쓰기에 비해 읽기가 어렵다. 이 방식은 쓰기에는 비교적 편하지만 읽기에는 좋은 효과를 거두기가 어렵다. 많은 문장들을 뒷받침하여 연결하는 두괄식과 미괄식에 비해 뒷받침하는 문장을 두 부분으로 나누어 쓰기 때문에 비교적 쓰기가 편하다. 하지만 독자들이 읽을 때는 소주제문이 중간에 있어 두드러지지 않은데, 그 이유는 단락의 처음과 끝이 독자의 눈에 잘 띄기 때문에 그만큼 두드러지지 않기 때문이다. 다음 [예문 11]을 보자.

예문 11

 일정한 형태가 없는 것은 반대로 무한한 형태를 나타낼 수도 있다. 마음에는 일정한 형태가 없기 때문에 무한이라고 해도 좋을 정도의 형태가 있는 것이다. 공기나 물은 둥글다거나 모났다거나 하는 일정한 모양이 없으므로 둥근 그릇에 담으면 둥근 모양이 되고 네모난 그릇에 담으면 네모의 모양이 된다. <u>마음은 정해진 형태가 없기 때문에 어떠한 형태로도 만들 수 있는 것이다.</u> 어떤 사람들은 '마음은 본래 타고난 것이어서 한평생 고쳐지지 않는다'고 말한다. 그러나 그것은 자기 스스로 자기 마음을 일정한 모양의 틀에 집어넣고 그 형태를 바꿀 수 없다고 단정하기 때문이다.
- 전성일, 〈성격을 바꾸면 성공이 보인다〉

 중괄식이라고 해서 정확하게 중간에 위치하는 아니고 두괄식의 앞에 뒷받침 문장이 첨가되거나 미괄식의 뒤에 보충적 설명이 붙은 방법이라고 생각하면 된다. 중괄식은 [예문 11]처럼 단락 사이의 장면 전환이나 소주제문 사이의 맞서거나 반대되는 의견을 완화하는 작용이 필요한 경우, 단락을 매끄럽게 연결해야 하는 경우에 쓴다.

4) 양괄식

한 단락에서 소주제문이 앞부분에도 있고 뒷부분에도 있는 경우가 있다. 이 전개 방식은 두괄식이나 미괄식과 마찬가지의 요령으로 쓰되, 소주제문을 되풀이하는 점이 다르다. 양괄식의 두 소주제문은 내용은 같지만 표현은 다르다. 이 유형은 일반적으로 독자의 이해를 확고하게 돕도록 강조할 경우나 단락이 길어져서 소주제문이 뒷부분에서 약화될 우려가 있을 때 쓴다. 양괄식은 주로 글의 끝을 짓는 단락에 많이 사용된다. 글의 결말은 논의나 필자의 의견을 정리하여 요약하거나 자신의 의견을 더 넓은 안목에서 살피고 주장하여야 하기 때문이다.

중괄식으로 단락을 전개할 때 제시된 앞의 소주제문과 뒤의 소주제문은 내용상으로 일치되어야 한다. 그렇지 않으면 소주제의 제시에 혼란을 일으켜서 필자의 의견이 제대로 드러나지 않는다. 그러나 한 단락에서 똑같은 문장이 되풀이되면 안 되므로 표현 형식은 다르게 해야 된다. 두 소주제문은 내용은 일치하고 표현은 다르게 해야 된다는 말이다. 이렇게 소주제문이 단락의 앞뒤에 표현되는 경우에는 하나의 주제문을 없앨 수도 있다.

예문 12

① 과학 기술적 행위 능력에 의해 야기되는 또 하나의 중요한 특성은 행위자가 놓이게 될 상황 자체가 고정되어 있는 것이 아니라 지속적으로 그리고

급격히 변화하게 된다는 것이다. ② 이것은 과학기술적 행위의 결과가 행위자가 놓인 상황에 지속적으로 반영되고 있음으로 인하여 나타나는 현상으로서 결과적으로 행위자는 항상 과거와는 다른 상황에서 수행하도록 요청되는 것이다. ③ 예를 들어 금세기 후반에 들와와 갑자기 심각해진 인구 문제의 경우를 생각해 볼 수 있다. 이는 어느 의미에서 과학 기술적 의료 행위의 효과가 반영되어 급격히 상황을 변화시키고 있는 경우라고 해석되며, 따라서 인구 문제에 대한 대응 자세를 지속적으로 수정해 나갈 것을 요청하는 경우라고 할 수 있다. 또 한 가지 예로서, 과학 기술을 통한 대규모 산업화로 인해 손쉽게 야기되는 사태로서 생산 과잉의 경우를 생각해 볼 수 있다. 이는 흔히 판매 경쟁을 통한 소비 조장이라는 새로운 사회 상황을 불러일으키는 것으로서, 이미 필요에 의해 생산이 유도되는 정상적인 상황을 역전시키고 있는 것이다. ④ 과학 기술적 행위 능력이 주는 이러한 특성들은 종래의 비교적 고정적인 상황에서 행위를 하게 되던 경험 기술적 행위자의 입장과 커다란 대조를 이룬다.

- 장회익, 〈과학과 윤리의 구조적 연관성과 현대 사회〉

첫 번째 문장인 ①은 소주제문이며 ②는 소주제문에 대한 부연 설명이며 ③에 들어 있는 문장에서 필자는 두 개의 예를 써서 소주제문을 구체적으로 이해시키고 있다. ④번의 문장에서는 처음의 소주제문을 변화시켜 반복하고 있다. 양괄식은 위 예문에서처럼 단락의 내용이 길게 전개되거나 내용이 복잡할 경우 소주제문을 다시 한 번 강조할 수 있는 장점이 있다.

읽을거리 3

조선어학회는 〈세종실록〉 권113의 "세종 28년 9월에 훈민정음이 이루어지다."란 기록을 좇아 음력 9월 29일을 '훈민정음 반포일'로 삼기로 하고, 1926년 11월 4일(음력 9월 29일)에 '가갸날'이라는 이름을 붙여 그 첫 기념식을 가졌다. 아래 글은 이에 대한 신문 기사를 읽고 만해가 쓴 시이다.

가갸날에 대하여

아아 가갸날
참되고 어질고 아름다와요.
축일(祝日)·제일(祭日).
데이·시이즌 이 위에 가갸날이 났어요. 가갸날.
끝없는 바다에 쑥 솟아오르는 해처럼
힘있고 빛나고 뚜렷한 가갸날.

데이보다 읽기 좋고 시이즌보다 알기 쉬워요.
입으로 젖꼭지를 물고 손으로 다른 젖꼭지를 만지는 어여쁜 아기도 일러 줄 수 있어요.
아무 것도 배우지 못한 계집 사내도 가르쳐 줄 수 있어요.
가갸로 말을 하고 글을 쓰셔요.
혀끝에서 물결이 솟고 붓 아래에 꽃이 피어요.

그 속엔 우리의 향기로운 목숨이 살아 움직입니다.
그 속엔 낯익은 사랑의 실마리가 풀리면서 감겨 있어요.
굳세게 생각하고 아름답게 노래하여요.
검이여 우리는 서슴지 않고 소리쳐 가갸날을 자랑하겠습니다.
검이여 가갸날로 검의 가장 좋은 날을 삼아 주세요.
온 누리의 모든 사람으로 가갸날을 노래하게 하여주세요.
가갸날, 오오 가갸날이여.

- 한용운, 1985: 386-387

제4장

글의 기술 방식

1. 설명과 논증
2. 서사와 묘사

01 설명과 논증

 설명과 논증은 글쓰기의 기술 방법으로 글의 구성과 밀접한 관련이 있다. 일반적으로 글쓴이가 알고 있는 무엇인가를 다른 사람에게 전달하려고 할 때 설명을, 무엇을 주장하여 상대방을 설득하려고 할 때는 논증을 진술 방식으로 선택한다.

1) 설명의 개념

 설명이란 자신이 알고 있는 어떤 대상이나 사실, 지식, 정보 등을 서술하여 독자가 그 내용을 쉽게 이해할 수 있도록 하는 기술 방식이다. 즉, 설명은 독자들이 알고 싶어 하는 대상에 관해 구체적으로 풀이하여 그 과정을 쓰는 것이다. 이와 같은 설명의 기술 방식은 주로 설명문에서 쓰는 방식이지만 글 전체가 아닌 부분 부분을 쓸 때, 일상적인 언어생활에서도 많이 사용하므로 그 활용도가 매우 높다고 할 수 있다.

 설명을 이용한 글쓰기는 필자의 경험이나 어떤 사건, 현상, 사실 등 다양하다. 이러한 대상에 대한 설명에서 전하고자 하는 글쓴이의 의도는 확실하게 정해져 있으므로 독자가 읽고 이해하는 내용 사이에 차이가 없을수록 좋은 설명이다. 따라서 좋은 설명이란 정보를 정확하고 구체적으로 전달하여 독자들이 충분히 이해할 수 있도록 해야 한다. 그러므로 좋은 설명의 첫째 조건은 필자가 설명하려는 대상이나 사실에 대하여 명확하게 알아야 한다. 그 다음 설명의 문장은 필자의 편견이나 독단 등의 주관이 개입되지 않아야 하고 감정적 내용을 피하고 객관성을 띠어야 하며 논리적 비약이 없어야 한다.

2) 설명의 방법

① 정의

정의는 언어적 표현으로 어떤 개념의 내용이나 용어의 뜻을 다른 것과 구별할 수 있도록 한정하거나 또는 그 개념이나 뜻을 명확하게 밝혀 쓰는 방법이다. 글을 쓸 때 사용하는 개념이 모호하거나 불분명하면 글쓴이의 의도가 정확히 전달되지 않는다. 글쓴이가 사용하는 용어가 생소하면 독자들은 필자의 의도를 잘 이해하지 못하거나 오해하는 경우가 생길 수 있다. 그러므로 정의는 먼저 독자가 잘 알지 못하거나 생소한 대상을 설명하기 위해 대체적으로 그 대상이 속하는 더 큰 범주를 설정한다. 그 대상 안에서 설명할 대상만이 다른 것들과 구별되는 독특한 특징을 찾아내어 이를 문장화하여 쓰는 설명 방식이다.

가장 간단한 정의는 사전적 정의다. 정의에 의한 설명은 '무엇은 무엇이다.'라는 형식을 취하는데 이러한 형식이 사전적 정의의 일반적인 형식이다. 하지만 많은 경우 이러한 단순 공식만으로 정의가 이루어지는 것은 아니다. 하나의 대상이나 개념을 정의하기 위해서 그것들의 여러 가지 관련 사항이나 속성들, 또는 필자의 견해 등이 예시, 비교, 분석, 분류 등과 같은 설명 방법들을 통해 나타난다.

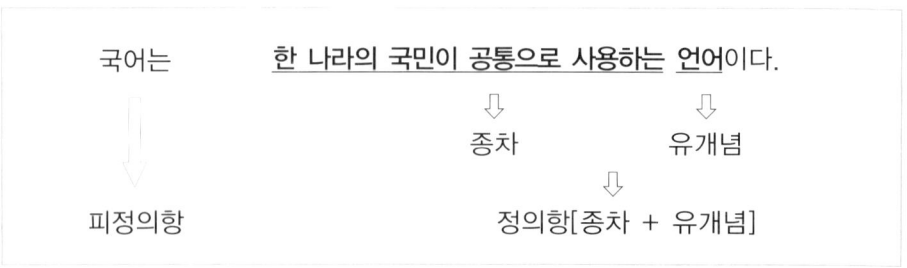

정의의 형식은 '무엇은 무엇이다'로 이루어진다. '무엇은'은 '피정의항'이라 하는데 '정의되는 부분'이고 '무엇이다'는 '정의하는 부분'으로 '정의항'이라고 한다. 위의 보기에서처럼 정의는 피정의항과 정의항으로 이루어지는데, 이때 두 항은 대등하게 이루어져야 한다. 예문처럼 정의는 피정의항을 '유'라 부르는 한 부류 속에 정립시키고, '종차'라고 부르는 그 항을 특징짓는 성질을 지적함으로써 '종'이라고 부르는 다른 구성분자들과 구별 짓는 과정을 밟아 이루어진다. 여기서 보듯이 정의에서 설명은 피정의항에 해당하는 하위개념이고 그에 대한 '기술 방법'은 정의항에 해당하는 상위개념이라 할 수 있다.

예문 1

이러한 대중의 움직임은 과학의 새로운 접근방식인 생태적 관점과 사회구성론에 의해 뒷받침되고 있다. 생태적 관점은 그동안 개발과 발전이라는 목표를 추구하는 과정에서 빚어진 환경파괴와 인간소외의 문제를 근본적인 인식론의 변화를 통해 극복하려는 시도이다. 사회구성론은 최근 과학기술 연구에서 폭넓게 받아들여지는 관점으로서 과학기술을 사회와 무관한 자율적 실체로 보지 않고, 역사·사회적으로 형성되는 구성물로 인식하는 관점이다. 따라서 과학은 더 이상 전문가들의 전유물이 아니라 대중의 참여를 통해 인간을 위한 목적에 기여하는 방향으로 구성되어야 하는 것이다.

- 김동광, 〈거대화한 과학과 왜소화한 인간〉-

위의 예문을 읽어보면 '생태적 관점'과 '사회구성론'이라는 생소한 개념에 대하여 독자들은 의미 파악이 쉽지 않을 것이다. 이에 필자가 '생태적 관점'과 '사회구성론'이라는 말에 대하여 상세하게 설명하여 독자들이 그 의미를 쉽게 알 수 있도록 썼다. 이와 같이 정의는 개념이나 대상들에 대하여 글쓴이의 견해나 대상들의 속성, 관련 사항을 설명하여 독자들이 글을 이해하도록 돕는다.

② 예시

예시는 핵심적인 내용이나 대상을 설명하고자 할 때 이해하기 쉽게 예를 들어 설명하는 방식이다. 앞 문장의 개념이나 글의 내용이 추상적이거나 관념적이면 실제적인 예를 들어 구체적으로 쓰는 설명 방식이다. 따라서 예를 들 때는 설명 대상의 핵심을 보여주는 사례를 들어야 한다. 하지만 사람들이 쉽게 이해할 수 있는 적절한 예시를 들어야 하는데, 부적절한 예는 오히려 역효과를 낳는다.

예시를 설명의 방법으로 선택하여 글을 쓸 때는 설명할 대상의 극히 일부만 보여주는 예라든지 너무 많은 예를 드는 것은 피해야 한다. 왜냐하면 설명하고자 하는 대상의 극히 일부만 예로 들면 객관성과 신뢰성을 떨어뜨릴 수 있기 때문이다. 그리고 너무 많은 예를 들면 읽는 이의 주의가 분산되어 산만하게 되므로 필자의 의도가 명확하게 드러나면서도 독자의 흥미를 자극하는 인상적인 예를 들어주면 더욱 좋다. 필자는 주제를 명확하게 설명할 수 있는 예를 찾아 이를 주제문과 연결시키기 위해 힘써야 한다. 설명에 나타난 적절한 예는 독자를 이해시키는 중요한 요소이면서 주제에 대한 글쓴이의 인식 정도를 나타내는 척도이기 때문이다.

예문 2

근대적 독서 계층이 태동된 17세기 영국에서 가장 많이 읽힌 책은 주인공이 멸망에서 구제되어 천국에 이르기까지의 고난을 주제로 한 "천로역정"(1678)이다. 각지를 돌아다니면서 설교한 열렬한 목사이면서 종교 작가이기도 한 존 버니언의 이 작품이 널리 읽힌 이유는 당시의 청교도 혁명의 열풍과도 관련이 있었다고 할 것이다.

당시에는 또 존 폭스의 "순교자들의 책"(1653)을 비롯하여 이른바 순교자 열전이 간행되었다. 종교 개혁 시대 프로테스탄트 파에게는 "성서"에 이어 순교자의 전기와 기록이 전략적으로도 크게 요구되었던 것이다.

17세기 특이한 베스트셀러 중 하나는 로버트 버턴의 "우울증의 해부"

(1621)이다. "우울증의 해부"가 크게 인기를 끈 배경에는 종교적인 멜랑콜리가 주제로서 크게 다루어진 데도 원인이 있다. 왜냐하면 당시 청교도 혁명으로 증폭된 종교적 정념을 냉각시킬 필요가 있었던 것이다. "우울증의 해부"는 말하자면 종교 이데올르기적으로 읽힌다.

- 이광주, 〈베스트셀러의 사회학〉

위의 예문은 이른바 베스트셀러의 허와 실과 베스트셀러가 어떻게 생산되고 유통되는지를 쓴 글이다. 위의 세 단락은 베스트셀러의 역사 속에서 17세기에 '천로역정', '순교자들의 책', '우울증의 해부' 등의 책을 예로 들어 베스트셀러를 만든 사회·문화적 배경을 설명하고 있다.

예문 3

'치명적 거리'란 공격 거리와 도주 거리가 구분되는 빙 둘러진 협소한 지대를 말한다. 동물원의 사자는 사람이 접근하면 뛰어넘을 수 없는 장애물에 닿을 때까지 달아난다. 그러나 사람이 계속 접근하여 마침내 사자의 치명적 거리 안까지 침범하게 되면 궁지에 물린 사자는 그 지점에서 방향을 바꾸어 슬며시 사람에게 다가오기 시작한다.

- 에드워드 홀 저, 최효선 옮김, 〈숨겨진 차원: 공간의 인류학〉

위 예문은 동물의 공간 유지 법칙 가운데 하나인 '치명적 거리'에 대한 정의와 예시로 이루어진 설명 글이다. 예시의 방법은 위와 같이 누구나 한 번쯤은 경험했을 법한 친근하고 쉬운 예를 들어 구체적으로 제시하는 것이 좋다.

③ 비교/대조

글을 쓰다보면 어떤 사물이나 개념은 그것 하나만으로 설명하기가 어려울 때가 있다. 설명할 대상이 추상적이거나 관념적이면 설명하기가 매우 어려운데 그럴 때 비교와 대조라는 방법으로 글을 쓰면 독자들이 보다 이해하기 쉽게 쓸 수 있다. 비교와 대조는 둘 이상의 사물을 견주어 유사점과 차이점을 중심으로 글을 쓰는 방법이다. 따라서 비교와 대조로 설명할 때는 반드시 서로 비슷하거나 공통점이 있는 것으로 글의 재료를 선택해야 하고 독자가 이미 알고 있거나 친숙한 것이면 더욱 좋을 것이다.

이 세상의 모든 사물들은 다른 대상들과 비교·대조됨으로써 그 본질이나 특성이 더 잘 드러난다. 특히 추상적이거나 이론적인 개념을 다른 사람이나 독자에게 설명하는 데는 비교·대조의 방법이 아주 효과적이고 중요한 방법이다. 비교나 대조는 둘 이상의 대상을 같은 기준으로 설명하고자 할 때 사용되며, 하나의 글에서 같이 사용되는 경우가 많다.

예문 4

한용운과 김소월의 시에 등장하는 님은 지금 여기에는 존재하지 않는 님이라는 공통점을 지니고 있다. ⇨ 비교

한용운의 시 속에 등장하는 님은 지금은 없지만 죽은 님이 아니라 사랑하는 사람의 마음이나 투철한 신앙심 속에 녹아 살아 있는 님이다. 그러나 김소월의 님은 과거에는 존재하는 님이었지만 현실에는 부재하는 님으로 이해할 수 있다. ⇨ 대조

아래의 <예문 5>와 <예문 6>은 비교나 대조에서 하나의 설명 방법만을 선택하여 쓴 글이다.

예문 5

정석이 존재한다.
수천년 동안 겪었던 시행착오와 당대에 유행하는 전술이 고스란히 녹아 있는 게 바둑의 정석, 한마디로 검증을 거친 전법이다. 스타크에도 특유의

공략법이 있다. 케이블 채널인 투니버스 등을 통해 일단 게임이 중계되면 이용자들 사이에 퍼지는 건 순식간이다. 서점에 프로 기사들이 집필한 바둑의 정·포석집이 널렸듯이 스타크도 프로게이머가 쓴 각종 공략집이 앞다투어 출간되고 있다.
- 백성호, 〈'스타크' 알고 보니 바둑과 닮은 꼴〉

[예문 5]는 신세대와 기성세대의 기호를 대표하는 취미의 공통점을 중심으로 설명하였으므로 '비교'에 의한 설명이다. 언뜻 생각하기에는 '바둑'과 '스타크래프트'는 별개일 것 같지만 두 대상을 꼼꼼하게 비교함으로써 공통점을 찾아냈다.

예문 6

중국의 담벽은 집보다도 높은 것이다. 아무리 발돋움하여도, 그 내부를 들여다 볼 수 없다. 완전히 폐쇄적인 것이며, 외계와의 단절을 의미하는 완전한 성벽인 셈이다. 그러나 일본의 초가집에는 숫제 담이란 것이 없고, 설령 담이 있다 하더라도 내부가 환히 보이는 아주 낮은 담이다. 그것은 개방되어 있는 것과 다름이 없다. 한편, 우리나라의 담은 중국의 담보다 낮지만, 일본의 담보다 높다. 우리나라의 돌담은 바로 폐쇄와 개방의 중간에 위치해 있다.
- 이어령, 〈돌담의 의미〉

[예문 6]은 중국·일본·한국의 담벽의 차이점을 중심으로 쓴 글이므로 '대조'에 의한 설명이다. 두 가지 이상의 어떤 사물이나 대상을 설명할 목적으로 견줄 때, 비교·대조 중 한 가지만을 선택하여 글을 전개하기보다는 두 대상의 공통점과 차이점을 같이 제시하면 더 큰 효과를 볼 수 있다.

비교·대조가 적절하게 이루어지기 위해서는 몇 가지 사항을 주의해야 한다.

첫째, 비교·대조를 할 때는 적합한 대상을 찾아서 정해야 한다. 이는 설명하고자 하는 사물의 특징에 집중하여 선택적으로 활용해야 함을 의미한데, 대상에 따라 어떤 경우에는 비교가 다른 경우에는 대조가 효과적일 때가 있다. 이때 적합한 비교·대조 대상은 우선 공통적인 특징을 공유하여야 한다.

둘째, 비교·대조는 적절한 예와 함께 쓸 때 더욱 효과적이다. 서로 다른 대상들의 개념을 비교·대조하여 설명할 때, 적절한 예를 덧붙이면 독자들은 쉽고 빠르게 그 대상을 이해할 수 있을 것이다. 특히 생소한 개념은 실제 예를 통해 명확히 비교·대조하여야 독자들이 글의 내용을 명확하게 이해하는 데 도움이 된다.

④ 구분/분류

분류는 어떤 대상들을 일정한 기준에 따라 종류를 가르는 설명 방법인데, 대상이나 개념이 뒤섞여 있는 집합체에서 유사점에 근거를 두고 그룹별로 묶는 방법이다. 작은 항목에서 큰 항목으로 묶어가는 방법을 분류, 큰 항목에서 작은 항목으로 가르는 방법을 구분이라고 한다. 분류와 구분을 세세하게 나누기도 하지만 이들을 나누지 않고 다 포함하는 개념으로 분류라는 용어를 사용하기도 한다.

분류는 그 자체가 목적이 아니라 전체와 부분, 부분과 부분 사이의 관계를 효과적으로 찾고 표현하기 위한 수단으로 사용할 때 그 가치가 더 있다. 어떤 대상을 분류하는 것은 그 구성 요소들 사이에 일정한 질서를 부여하거나 숨은 질서를 찾아내는 것인데 이는 곧 그 대상을 조직화한다는 뜻이 되기 때문이다.

예문 7

대학생활을 할 때 필요한 글쓰기들을 살펴보면 여러 가지 종류가 있다. 우선 글의 종류를 보면 설명문, 보고서, 일기, 기행문, 감상문, 수필, 기사문, 편지, 초대의 글 등으로 나눌 수 있다. 이러한 유형의 글쓰기는 하나의 기준으로 나누어 모두 포괄하여 수용할 수는 없다. 따라서 이 글들을 분류할 수 있는 기준은 3가지 정도이다. 그 유형은 정보전달, 정서표현, 친교를 위한 글쓰기로 분류하면 될 것이다. 먼저 정보전달의 글쓰기는 객관적인 사실에 근거하여 작성하는 것이 일반적이며, 설명문, 보고서, 기사문을 들 수 있다. 그 다음으로 정서표현이나 친교를 위한 글쓰기는 주관적인 감상에 근거하여 작성하는 것이 일반적이다. 정서표현의 글쓰기로는 일기, 기행문, 감상문, 수필을 들 수 있고, 친교를 위한 글쓰기는 편지와 초대의 글을 들 수 있다.

위의 예문은 산만하게 흩어져 있던 대상들을 특정 기준에 의거하여 분류하여 제시하고 있음으로써 체계적으로 설명하고 있다. 그 기준은 대학생활에 필요한 글쓰기들을 글의 목적에 따라 정보전달과 관련된 유형과 정서표현과 관련된 유형, 친교를 위한 유형으로 분류하여 나타내었다. 그리고 각각의 글쓰기들은 객관적인 사실에 근거하는지 혹은 주관적인 감상에 근거하는지에 따라 나누고 있다.

앞서 설명하였듯이 분류·구분은 전체와 각각의 구성 요소 간의 관계가 체계적으로 잘 드러나도록 해야 한다. 이를 위해서는 각 요소들 사이에 일정한 질서를 부여하거나 숨은 질서를 찾아내는 작업이 필요하다. 일반적으로 분류·구분으로 글을 전개할 때는 다음의 두 가지 원칙을 지켜야 독자가 글을 쉽게 이해할 수 있다.

첫째, 분류·구분의 기준은 하나이어야 하며 동일한 유형으로 분류된 대상들 사이에는 유사점이 있어야 한다. 설명할 대상들이 여러 기준에 따라 유형화될 수도 있지만, 한 단계에 하나의 기준을 중심으로 대상들을 묶어야 한다. 하나의 기준에 따라 명확하게 나누어 묶어야 체계적인 설명이 가능하기 때문이다. 그리고 분류·구분된 같은 유형의 대상들은 서로 반드시 공통점이 있어야 한다.

둘째, 분류·구분된 대상들의 하위 개념 항목은 빠짐없이 상위 개념의 항목에 포함되어야 한다. 하나의 기준에 의하여 분류·구분된 유형들은 대상 전체를 포함할 수 있어야 하고 동시에 유형들의 경계는 명확해야 한다. 분류·구분된 대상들은 어떤 유형에도 포함이 안 되는 대상이 있어서는 안 되고, 두 가지 유형에 중복되어서도 안 된다.

⑤ 분석

분석은 말 그대로 어떤 대상을 구성 성분이나 요소로 분해하는 설명 방식을 말한다. 분석의 대상은 화학 실험 같은 구체적인 사물이 될 수도 있고 자유, 평화 등과 같은 어떤 현상의 면면을 밝히는 관념이 될 수도 있다. 분석은 하나의 대상이나 개념에만 관계되며 차이점에 바탕을 두어 그것을 형성하고 있는 각 부분을 분리해 내는 방법이다.

분석의 구성 요소들은 유기적으로 조직되었을 때만 가능하므로, 대상 구조의 분해에 그치는 것이 아니라 분해된 부분들의 관계나 전체 구조 속에서의 위치, 기능까지도 살펴야 한다. 왜냐하면 분석에 의한 글쓰기는 대상을 구체화시켜 전체를 세밀하게 살필 수 있는 역할을 하기 때문이다.

분석은 구체적인 물리적 대상을 공간적으로 분해하는 방식인 물리적 분석이 있는가 하면 관념적인 대상을 그 관념의 성질에 따라 또 다른 관념으로 나누듯이 설명하는 방법인 개념적 분석도 있다. 또한 분석 대상이 '어떻게 작용하는가'라는 물음에 대한 답으로 설명될 때 기능적 분석이라고 한다. 어느 분석법을 쓰느냐는 분석의 대상이 무엇이냐에 따라 선택하여 설명하여야 할 것이다.

예문 8

루이비통이나 까르띠에의 핸드백은 그것을 든 사람이 일정 수준 이상의 상류 계층임을 보여 주는 기호이다. 기호 중에 가장 대표적인 것이 언어이다. 언어는 자기 아닌, 자기를 넘어선 어떤 다른 것을 의미해 주는 기호들 중에서 가장 체계적이고 다양한 기호이다. 그렇다면 아주 비싼 사치품은 "나는 어떤 상류층이다."라고 말해 주는 언어와도 같다.

기호란 사물 그 자체가 아니라 사물을 대신하거나 재현하는 그 무엇이므로 실제의 사물이 아니라 가상이며 허구이다. 그러니까 값비싼 명품 옷을 입었건 값싼 시장 물건을 착용했건 우리 모두는 옷이라는 실제의 물건이 아니라 가상의 혹은 허구의 이미지를 하나씩 몸에 걸치고 다니는 셈이다. 우리의 말을 듣고 타인이 우리의 생각을 알고 서로 의사소통을 하듯이 우리의 옷을 보고 타인들은 우리의 사회적 지위를 알며 상호간의 신분을 확인한다. 옷을 잘 차려 입고 갔을 때와 허름하게 입고 갔을 때 우리를 대하는 시선이 달라지는 의류 매장 점원의 태도는 그것을 분명하게 보여 준다.

- 박정자, 〈로빈슨 크루소의 사치〉

[예문 8에서] 분석의 첫 번째 단계는 대상에 대한 이해이다. 자본주의 사회에서 루이비통이나 까르띠에 핸드백과 같은 값비싼 사치품을 소비하는 계층은 소수의 상류 계층이다. 위 예시문에서 분석 대상을 구성하고 있는 요소는 모두 세 가지이다. '자본주의 사회의 값비싼 사치품'과 그것을 소비하는 '상류 계층', 그리고 이 값비싼 소비재(消費財)와 그것을 소비하는 계층이 상징하는 '기호'가 그것이다. 이 세 가지 구성 요소는 서로 밀접한 연관을 가진다. 자본주의 사회에서 한 개에 수백에서 수천만 원에 이르는 루이비통이나 까르띠에 핸드백을 살 수 있는 사람은 돈이 많은 소수의 부르주아들뿐이다. 때문에 이들 소비재는 물건을 담는 가방의 실제적 기능을 떠나 '나는 곧 상류층'이라는 '신분의 상징'이 된다. 대상이 실제가 아닌 허구, 즉 '기호'가 되는 과정이 두 구성 요소인 값비싼 핸드백과 그것을 소비하는 계층들 사이의 연관성을 통해 드러난다.

두 번째 단계는 예시문의 마지막 구성 요소 '기호'에 대한 분석이다. 먼저 기호가 무엇인지를 설명하기 위해 기호에 대해 정의하고 그 대표적인 예로 언어를 제시한다. 그리고 상류 계층을 상징하는 값비싼 소비재는 '나는 누구이다'를 말해 주는 '언어'와 동일한 기능을 하는 '기호'임을 보여 준다.

분석의 마지막 단계에서는 기호의 본질이 '실제'가 아닌 '허구'임에도 우리가 이 허구의 이미지에 사로 잡혀 있는 현실을 제시한다. 이러한 현실을 보다 구체적으로 보여 주기 위해 옷차림을 보고 사람을 대하는 의류 매장 점원의 태도를 예로 든다. 이상의 분석 방법은 허구의 이미지가 실제를 대체하고 있는 소비 자본주의 사회의 부조리를 날카롭게 해부하고 있을 뿐만 아니라 명품이라 불리는 사치품에 담긴 의미를 밝혀 주고 있다.

3) 논증의 개념

설득은 자신의 주장을 내세워 어떤 상황이나 문제에 대하여 상대방의 생각과 행동에 영향을 주기 위한 행위이다. 말이나 글로써 다른 사람을 설득하는 방법에는 두 가지가 있다. 하나는 설득하려는 사람의 감성에 호소하는 방법이고, 다른 하나는 그 사람의 이성에 호소하는 방법이다. 이처럼 글을 써서 다른 사람들을 설득하는 두 가지 방법 중에 이성을 선택하면 논리적으로 판단하여 필자의 의견을 수용하도록 하는 논증을 선택해야 한다. 이처럼 논증은 다른 사람을 설득하여 필자의 의견에 동조하고 더 나아가 행동으로 유도하기 위해 자신의 주장이 타당함을 증명하는 글의 진술 방법이다.

논증은 어떤 주장의 옳고 그름을 합리적 이유를 들어 밝혀서 사람들 사이의 갈등을 해결하거나 특정한 주장의 타당성을 증명하는 데 필요한 방법이다. 필자는 자신이 옳다고 생각하는 판단의 정당성이나 확실성을 합리적 이유를 들어 설득하려면 논증의 방법이 필수적이다. 논증은 독자의 이성에 호소하기 때문에 필자의 의견이 옳아도 그에 대한 증명이 일관성이 없으면 인정받기 어렵다. 그러므로 논증으로 기술하려면 글을 읽는 이들이 충분히 공감할 수 있도록 객관적이고 합리적인 근거를 들어야 한다. 누구나 다 알고 있는 사실이나 개인적인 기호, 또는 취향에 관계되는 문제나 필자의 능력에서 벗어나는 문제는 논증할 수 없으므로 피해야 한다.

4) 논증의 구성 요소

논증의 목적은 불확실한 사실이나 의견의 타당성 여부를 밝혀 증명함으로써 독자가 필자의 주장을 믿고 그 의견에 동의하도록 만드는 데 목적이 있다. 즉, 논증은 근거를 토대로 어떤 사실이나 의견을 논리적으로 증명하는 것인데 구성 요소로는 논거, 명제, 추론 등이 있다. 논증을 효과적으로 전개하기 위해서는 명제, 논거, 추론의 세 가지 요소를 이해할 필요가 있다.

① 명제

명제는 필자가 자신의 주장을 완결된 형태의 문장 형식으로 표현한 것이다. 하나의 논증에는 주장·근거·전제 등의 기본 요소들이 일정한 관계를 맺으면서 구조화되어 있다. 이런 기본 요소들의 언어적 표현을 명제라고 하는 데 논증은 일련의 명제들의 집합이라고 할 수 있다. 하지만 모든 명제가 논증의 대상이 될 수 없는데, 아래 예문을 참고하면 쉽게 이해할 수 있다.

예문 9

㉠ 야구는 축구보다 훨씬 더 재미있는 운동이다. → 논증이 필요 없는 생각
㉡ 사람은 누구나 어머니로부터 태어난다.
㉢ 우주에 있는 별은 모두 10억 개 정도가 된다.
㉣ 건강을 위해서는 반드시 아침을 먹어야 한다. → 논증이 필요한 생각
㉤ 모든 학생들에게 무상 급식을 제공해야 한다.

위의 예문 중 ㉠처럼 기호나 취미 같은 개인적 선호나 ㉡처럼 결론이 명백하거나 답이 제시된 것, ㉢처럼 인간의 영역을 넘어서서 '찬성과 반대', '옳고 그름'을 판단할 수 없는 주장은 논증할 수 없다. 논증의 명제란 ㉣과 ㉤처럼 '찬성과 반대' 혹은 '옳고 그름'의 입장을 밝힐 수 있기 때문에 논증의 대상이

된다.

　명제는 사실·가치·정책 명제로 나눌 수 있다. 사실 명제는 "금성의 궤도 반지름은 지구의 궤도 반지름의 0.72배이다."처럼 사실과 일치하는 주장이나 어떤 사실에 대한 참·거짓을 진술한 것인데 보통 '~이다'의 형식으로 되어 있다. 사실 명제는 무엇이 진실이라는 것을 주장하는 것이다. 가치 명제는 어떤 대상을 판단하여 진술하는 것으로 인간·사상·작품 등에 대하여 각 개인의 신념이나 가치를 판단하여 주장하는 명제이다. "김시습은 한문학의 대가이다."처럼 가치 명제는 합리적 근거를 밑바탕으로 자신의 판단에 동의하도록 만드는 데에 있다. 정책 명제는 어떤 대상에 대한 의견이나 주장이 바람직하다는 것을 진술하는 명제이다. "인간의 존엄성은 어떤 억압이나 폭력으로도 훼손해서는 안 된다."는 주장처럼 '~해야 한다' 형식으로 당위를 내세운다.

② 논거

　논증할 때는 자신의 주장을 뒷받침하는 근거를 제시하는 것이 중요한데 이를 논거라 한다. 논증에서 논거란 필수적인 요소이며 근거의 확실성을 보장하기 위해 필자가 논리적으로 타당함을 보여주는 것이다. 논거는 '논증의 근거'가 되는 명제로 이미 논증이 끝나 다시 증명해야 할 필요가 없다. 또한 논증하는 글에서는 상대방을 설득하기 때문에 논거의 적절성을 점검하는 것이 무엇보다 중요하다. 논거를 점검할 때 먼저 논거가 이치에 맞는지, 믿을 수 있는지, 독자의 수준에 맞는지, 독자의 사회·문화의 관습으로 이해하기 쉬운지, 분량은 적절한지 등을 점검해야 한다.

　논거의 종류는 성격에 따라 사실 논거와 소견 논거가 있다. 사실 논거는 직접 경험이나 통계 수치, 실험 결과 등과 같은 실제적이고 구체적 사실이나 역사적 자료를 근거로 삼는 것이다. 논거가 사실로써 인지되기 위해서 신뢰가 드는 근거에 의해서 검증되거나 증명되어야 한다. 사실 논거는 그것이 사실이냐, 믿을 수 있느냐 하는 것이 문제가 되므로 누구나 인정할 만큼 구체적이고 확실하여 더 이상 검증할 필요가 없어야 한다. 소견 논거는 다른 사람의 경험이나 증언, 전문가 혹은 권위자의 의견을 근거로 제시하는 것을 말한다. 소견 논거는 신뢰성이 중요하기 때문에 소견을 가진 그 분야의 권위에 의존한다. 필자의 소견이나 경험담, 증언 등도 논거에 해당하지만 이 경우에는 공정성에 대한 검증이 끝난 후에 사용하여야 한다. 공정성 검증은 그 의견을 뒷받침하는 실례나 사례를 들어 구체적으로 예시하거나, 소견의 정당성을 입증하는 보편타당한 증거들을 제시하여야한다. 예를 들면 예로부터 전해오는 격언이나 속담, 전문가의 견해 등을 들 수 있다. 소견 논거의 권위는 시대와 사람에 따라 변하는 것을 항상 생각해야 한다.

예문 10

　교육을 받은 사람이 교육을 받지 못한 사람보다도 행복하다는 것은 결코 자명하지는 않다. ①교육의 부족을 의식하고 있는 사람은, 자기에게 자격이 없는 직업에 봉사하여 남보다도 뛰어나려는 소원을 가지면 불만을 느낀다. 이러한 사람들은 '좀 더 교육을 받았더라면 좀 더 행복했을 터인데' 라는 말만 들어도 때로는 불만을 느낀다.

　이와 반면에, ②자기가 이어받은 것과 똑같은 사회적인 습관이나 취미를 가진 사람들이 수준 이상으로 교육을 받게 되면, 그 사람의 마음 속에 일종의 분열이 생겨 이것이 행복을 방해할 수도 있다. 단, 그 사람이 뛰어난 지성을 가지고 있는 사람이라면, 그것에 의해서 좀 더 충분하고 유용한 생활을 할 수도 있다. 또한 자기의 재능이나 역량 이상으로 기술이나 예능이나 학문을 교육받는 것은 그 사람에게 재난이 될 수도 있다. 교육은 많은 노력을 필요로 하는 것으로써, 사람의 마음이 견디어 낼 수 없을 만큼 큰 부담이 될 수도 있기 때문이다. 교육도 도가 지나치면 아주 보족할 때나 마찬가지로 불행을 낳게 할 수 있는 것이다.

- T.S. 엘리어트, 〈문화의 정의에 대한 노트〉

[예문 10]의 명제는 '교육을 받은 사람이 교육을 받지 못한 사람보다 행복하다는 것은 자명하지 않다.' 인데 ①과 ②의 논거에 의해 타당성을 입증하고 있다. ①과 ②는 모두 소견논거로써 ①은 '교육받지 못한 사람의 경우'이고 ②는 '교육받은 사람의 경우'이다. 그리고 앞의 명제는 논거 ①과 ②에 의해 '교육도 도가 지나치면 불행을 낳게 할 수 있다.'로 앞의 명제를 강조하는 결론을 유도할 수 있었다.

③ 추론

추론은 논거를 근거로 필자가 주장의 정당성을 입증하는 기술 방법인데, 어떤 생각을 토대로 다른 생각을 미루어 논급하는 과정이고, 논증은 그런 추론의 과정을 언어로 표현한다. 대표적인 추론의 유형은 연역적 추론과 귀납적 추론이 있는데 연역법과 귀납법이라고도 한다.

귀납적 추론은 여러 가지 구체적이거나 개별적인 사례와 사실을 통해 일반적인 원리나 주장을 펴는 방법으로 인과 관계를 확정하는 데 많이 사용한다. 이처럼 귀납적 추론은 근거가 되는 여러 가지 특징들을 먼저 제시하고 이를 토대로 결론을 일반화하여 이끌어 내는 방법이다. 귀납적 추론은 통계적 귀납법, 인과적 귀납법, 완전 귀납법 등이 있다. 통계적 귀납법은 어떤 집합의 요소 일부를 관찰한 것을 근거로 같은 종류의 모든 대상에 그 속성이 있다는 결론을 도출하는 추론 방법이다. 인과적 귀납법은 어떤 일의 원인과 결과를 지식이나 상식에 의하여 밝혀내는 추론 방법이고, 완전 귀납법은 관찰하고자 하는 집합의 전체 원소를 빠짐없이 관찰함으로써 그 공통점을 결론으로 이끌어 내는 추론 방법이다.

연역적 추론은 일반적인 사실이나 원리를 전제로 하여 구체적이고 개별적인 사례나 사실을 이끌어 내는 방법으로 '대전제 – 소전제 – 결론'의 3단 논법의 전개 구조를 갖는다. 즉, 이미 알고 있는 하나 또는 둘 이상의 일반적인 명제를 근거로 하여 새로운 명제를 이끌어 내는 추론 방법이 연역법이다. 그런데 단 하나의 전제로부터 직접 새로운 명제를 결론으로 이끌어 내는 추론을 직접 추론이라고 하고, 둘 이상의 명제로부터 새로운 명제를 이끌어 내는 방법을 간접 추론이라고 한다. 이러한 간접 추론의 전형적인 방법이 삼단 논법이다. 삼단 논법은 두 개의 전제와 하나의 결론으로 이루어졌는데 세 개의 명제로 구성되어 있다.

예문 11

(가) 대전제   모든 생물은 호흡을 한다.
　　소전제   사람은 생물이다.
　　결론(주장) 그러므로 사람도 호흡을 한다.

(나) 증거 ①   나무는 호흡을 한다.
　　증거 ②   새도 호흡을 한다.
　　증거 ③   사람도 호흡을 한다.
　　증거 ④   물고기도 호흡을 한다.
　　증거 ⑤   그러므로 생물은 호흡을 한다.

위의 예문 (가)는 일반적인 원리를 담고 있는 대전제와 구체적인 현상을 담고 있는 소전제를 통해서 결론을 유도하는 연역법이다. 이에 비해 (나)는 여러 가지 사실이나 구체적인 현상을 증거로 제시하고 이를 통해 결론을 이끌어 내는 귀납법에 의한 논증이다.

02 서사와 묘사

서사와 묘사는 감정과 정서를 표현하는 데 적합한 양식이다. 따라서 일기나 편지와 같은 개인적인 글에서부터 소설이나 수필과 같은 문학 작품에 이르기까지 글쓴이의 주관적인 느낌과 견해를 밝히는 글에서 두루 사용한다. 그렇다고 서사와 묘사가 개인의 주관적인 정서를 표현하는 데만 쓰이는 것은 아니다. 신문 기사나 자기 소개서, 보고서 등과 같이 객관적인 실용문에서도 자주 사용한다.

1) 서사

서사는 시간의 흐름에 따른 행동이나 사건을 서술하는 방식이다. 서사는 대상이 어떻게 움직이고 어떻게 변화하고 그 움직임과 변화가 어떤 의미가 있는지를 제시해야 한다.

서사 ▶
- 시간적 순서에 따른 사건의 서술
- 육하원칙을 염두에 둔 인과적 서술
- 기본 3단 구성, 기타 4·5·6단 구성
- 다양한 인물이나 움직임의 공존을 위한 관점 고정

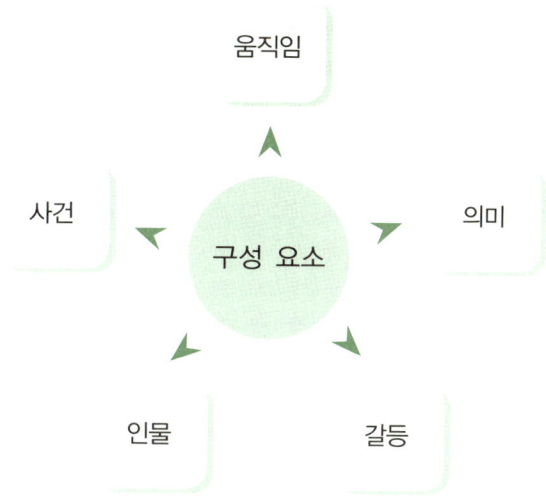

예문

① 오빠가 돌아왔다. 옆에 못 생긴 여자애 하나를 달고서였다. 화장을 했지만 어린 티를 완전히 감출 수는 없었다. 열일곱 아님 열여덟? 내 예상이 맞다면 나보다 고작 서너 살 위인 것이다. 당분간 같이 좀 지내야 되겠는데요. ② 오빠는 낡고 뾰족한 구두를 벗고 마루에 올라섰다. 남의 집 들어오기가 어디 그리 쉬운가. ③ 여자애는 오빠 등 뒤에 숨어 쭈뼛거리고 있었다. ④ 오빠는 어서 올라오라며 여자애의 팔을 끌어당겼다. ⑤ 아빠는 어처구니가 없다는 듯 둘을 바라보다가, 내 이 연놈들을 그냥, 하면서 방에서 야구방망이를 들고 뛰어나와 오빠에게 달려들었다. 오빠의 허벅지를 노린 일격은 성공적이었다. ⑥ 방망이는 오빠 허벅지를 명중시켰다. 못생긴 여자애도 머리를 감싸며 비명을 질렀다. 그러나 계속 당하고 있을 오빠는 아니었다. ⑦ 아빠가 방망이를 다시 치켜드는 사이 오빠는 그레코로만형 레슬링 선수처럼 아빠의 허리를 태클해 중심을 무너뜨렸다. ⑧ 그러고는 방망이를 빼앗아 사정없이 아빠를 내리쳤다. ⑨ 아빠는 등짝과 엉덩이, 허벅지를 두들겨 맞으며 엉금엉금 기어 간신히 자기 방으로 도망쳐 문을 잠갔다. ⑩ 나쁜 자식,

지 애비를 패? 에라이, 호로자식아. 이런 소리가 안방에서 흘러나왔지만 ⑪ 오빠는 못 들은 체 하고는 여자애를 끌고 건넌방으로 들어가 버렸다. 물론 방망이는 그대로 든 채로였다.

- 김영하, 『오빠가 돌아왔다』, 창비, 2006, 43-44쪽.

위 예문에는 '오빠'와 '오빠의 여자 친구', '아버지' 그리고 이들을 바라보는 서술자인 '나'가 등장한다. 위 예문은 총 열한 개의 행위가 시간의 흐름에 따라 결합하면서 오빠와 아빠의 결투라는 사건을 만든다. 결투의 시작은 가출했던 오빠의 등장이다. 서사의 시작인 셈이다. '① 오빠의 등장 → ② 구두를 벗고 마루로 올라서는 오빠 → ③ 오빠의 등 뒤에서 마루에 올라서기를 망설이는 여자애 → ④ 어서 올라오라며 여자애의 팔을 잡아당기는 오빠 → ⑤ 마루에 서 있는 오빠에게 야구방망이를 들고 달려드는 아빠 → ⑥ 오빠의 허벅지를 명중시키는 아빠의 야구방망이 → ⑦ 아빠를 향해 반격을 가해 아빠를 넘어뜨리는 오빠 → ⑧ 아빠의 방망이를 빼앗아 사정없이 아빠를 내리치는 오빠 → ⑨ 반격에 상처를 입고 안방으로 도망치는 아빠 → ⑩ 안방에서 오빠를 향해 욕을 퍼붓는 아빠 → ⑪ 아빠의 욕을 무시하고 여자애와 함께 건넌방으로 들어가는 오빠'로 이어지는 움직임, 즉 시간의 흐름에 따라 진행되는 행위의 연속은 오빠와 아빠의 결투라는 커다란 사건으로 이어지고 이 사건은 승자와 패자가 갈리며 일단락된다.

①~⑪에서 보듯이 각각 세분화된 행동, 즉 움직임은 사건보다 짧고 단순하다. 사건은 행동보다 길고 복잡하다. 행동은 사건의 하위 단위이고 사건은 행동의 상위 단위이다. 사건 중에는 다른 사건을 포함하는 사건도 있고 다른 사건에 포함되는 사건도 있다. 위 예문의 사건은 아빠와 오빠의 사이에 깊은 갈등이 존재하고 있음을 전제로 한다. 집에 들어오려는 오빠와 이를 막으려는 아빠, '아빠/오빠' 이 둘 사이의 갈등의 폭발이 사건을 만들어 내고 있는 것이다. 결국 아빠의 일방적인 패배로 마무리된 사건은 '아빠와의 싸움에서 승리하

고 집안의 새로운 권력자로 등장하는 오빠'를 통해 '새로운 권력자의 등장', 또는 '권력의 세대 교체'라는 의미를 만들어 낸다.

2) 묘사

묘사는 대상에 대한 인상과 관찰을 통해 얻은 것을 언어로 재현한 글이다. 묘사는 독자가 글을 읽고 상상을 함으로써 어떤 대상을 직접 보거나 느끼거나 체험하는 것과 같은 생생함을 전달하는 데에 목적이 있다.

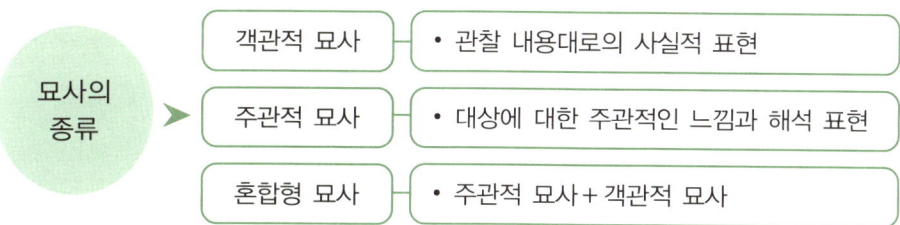

예문

(가) 주관적 묘사
그녀는 느슨하게 땋아 내린 머리 모양으로 여든을 넘기고 있다. 뒷목에서부터 등뼈를 따라 엉덩이까지 내려온 머릿다발은 늙은 수사자의 푸석한 갈퀴 같기도 하고 소의 휘어진 꼬리털 같기도 하다. 머리카락을 따라 머리통으로 시선을 옮겨 조금만 세심히 들여다보면, 정수리에서부터 새카맣고 윤기 흐르는 머리털이 나오고 있음을 알 수 있다. 늙은 그녀의 머리통에서는 검은 머리카락이 새치처럼 솟구치는 중이다.

― 천운영, 「숨」, 『바늘』, 창비, 2001, 36쪽.

(나) 객관적 묘사
칼자루는 기묘하게 생겼지만 칼 파는 사람 말대로 칼날 하나는 기가 막혔다. 남자는 명란젓처럼 생긴 칼자루를 손에 쥐었다. 남자가 꾹 쥐었단 놓은 찰흙

덩어리를 그대로 굳혀 놓은 것처럼 칼자루는 남자의 손에 꼭 맞았다. 망설일 필요도 없었다. 남자는 넣을 상자조차 없는 칼을 신문지로 둘둘 말아 그냥 들고 나왔다.

- 안보윤, 『악어떼가 나왔다』, 문학동네, 2005, 58쪽.

(다) 혼합형 묘사

어느새 그녀는 설거지를 마치고 방에 들어가 누워 있다. 방안에 난 작은 창으로 아침 햇살이 환하게 들어온다. 햇살을 받은 그녀는 사색과 명상을 즐기는 과묵한 군자처럼 보인다. 호랑이들도 그렇다. 포만감에 싸인 호랑이는 대낮의 햇빛을 피해 굴이나 산림 깊숙한 곳에 들어가 낮잠으로 시간을 보낸다. 눈을 지그시 감고서 아무리 먹음직스런 동물이 눈앞에 얼씬거린다 해도 거들떠보지도 않는다. 식사를 마치면 이렇게 숨만 벌떡벌떡 쉬면서 와불(臥佛)처럼 누워 있는 것이 바로 진정한 육식 동물의 특징이다.

- 천운영, 「숨」, 『바늘』, 창비, 2001, 40쪽.

읽을거리 4

다음 글을 읽고 무엇이 옳고 그름의 판단 기준이 되어야 하는지에 대해 토론해 보자.

최대 행복 원칙 : 공리주의

1884년 여름, 영국 선원 네 명이 작은 구명보트에 올라탄 채 육지에서 1600킬로미터 떨어진 남대서양을 표류했다. 이들이 타고 있던 미뇨넷 호는 폭풍에 떠내려갔고, 구명보트에는 달랑 순무 통조림 캔 두 개뿐, 마실 물도 없었다. 토머스 더들리가 선장이었고, 에드윈 스티븐스는 일등 항해사, 에드먼드 브룩스는 일반 선원이었다. 신문은 이들이 "모두 훌륭한 사람들"이었다고 전했다.

네 번째 승무원은 잡무를 보던 열일곱 살 남자아이 리처드 파커였다. 고아인 파커는 긴 항해를 떠나기는 이번이 처음이었다. 파커는 친구들의 충고도 무시한 채 "젊은이의 야심을 품고 희망에 가득 차" 항해에 참가했고, 이번 여행으로 남자다워질 수 있으리라 생각했다. 안타깝게도 현실을 그렇지가 못했다.

구명보트를 타고 표류하던 네 선원은 수평선을 바라보며 지나가던 배가 구조해 주기를 기다렸다. 처음 사흘 동안은 순무를 정해 놓은 양만큼 조금씩 먹었다. 나흘째 되던 날은 바다거북을 한 마리 잡았다. 이들은 바다거북과 남은 순무로 연명하며 며칠을 더 버텼다. 그리고 이후 여드레 동안 아무것도 먹지 못했다.

이때까지 파커는 구명보트 구석에 누워 있었다. 다른 사람의 충고를 무시하고 바닷물을 마시다가 병이 난 탓이다. 곧 죽을 것만 같았다. 고통스럽게 하루하루를 보내다가 19일째 되던 날, 선장 더들리는 제비뽑기를 해서, 다른 사람을 위해 희생할 사람을 정하자고 했다. 하지만 브룩스가 거부하는 바람에 실행에 옮기지 못했다.

다음 날도 배는 보이지 않았다. 더들리는 브룩스에게 고개를 돌리라고 말하고는 스티븐스에게 파커가 희생되어야 한다고 몸짓으로 전했다. 더들리는 기도를 올리고, 파커에게 때가 왔다고 말한 뒤 주머니칼로 파커의 경정맥 급소를 찔렀다. 양심상 그 섬뜩한 하사품을 거절하던 브룩스도 나중에는 자기 몫을 받았다. 나흘간 세 남자는 남자아이의 살과 피로 연명했다.

그리고 구조의 손길이 나타났다. 더들리는 일기에 그 일을 놀라우리만치 완곡하게 기록했다. "24일째 되던 날, 아침 식사를 하고 있을 때" 드디어 배가 나타났다고. 생존자 세 명이 모두 구조되었다. 이들은 영국으로 돌아가자마자 체포되어 재판을 받았다. 브룩스는 검찰 측 증인으로 출석했고, 더들리와 스티븐스는 재판에 회부되었다. 이들은 파커를 죽여 그를 먹은 사실을 순순히 자백했다. 그리고 어쩔 수 없었다고 주장했다.

당신이 판사라고 해보자. 어떤 판결을 내리겠는가? 상황을 단순화하기 위해, 법에 관한 문제는 제쳐두고, 당신은 그 남자아이를 죽인 것이 도덕적으로 허용될 수 있는 행위인가를 결정해야 한다고 가정하자.

피고 측은 그 끔찍한 상황에서는 세 사람을 살리기 위해 한 사람을 죽일 수밖에 없었다고 주장했다. 누군가를 죽여서 먹지 않으면, 네 사람 모두 죽을 판이다. 나약하고 병에 걸린 파커가 적절한 후보였다. 어쨌거나 곧 죽을 테니까. 그리고 더들리나 스티븐스와 달리, 파커는 부양가족이 없었다. 그가 죽는다고 해서 살길이 막막해질 사람도, 슬퍼할 아내나 아이도 없었다.

이 주장은 적어도 두 가지 반박에 맞닥뜨릴 수 있다. 우선, 전체적으로 볼 때, 파커를 죽여서 얻은 이익이 희생보다 정말로 더 컸는가를 물을 수 있다. 살아난 사람의 숫자나 생존자와 가족의 행복을 고려한다 해도, 그러한 살인을 허용한다면 사회 전체로 보아 나쁜 결과를 초래할 수 있다. 말하자면, 살인에 반대하는 규범이 약화되거나, 법을 멋대로 해석하려는 성향이 늘어나거나, 다른 선장들이 배에서 일할 사환을 구하기가 어려워질 수 있다.

둘째, 모든 걸 고려했을 때 그 이익이 희생이라는 비용보다 더 크다 해도, 무방비 상태의 남자아이를 죽여서 먹는 행위는 사회의 비용이나 이익을 계산하기에 앞서 용납될 수 없다는 쉽게 떨치기 힘든 정서가 있지 않은가? 상대의 나약함을 빌미로 본인의 동의도 없이 목숨을 빼앗는 식으로 인간을 이용하다니, 그런 행위는 아무리 다른 사람에게 이익이 돌아간다 해도 잘못이 아닌가?

더들리와 스티븐스의 행위에 치를 떤 사람에게는 첫 번째 반박이 미온적인 불평으로 보일 것이다. 이 반박은 도덕은 비용과 이익을 저울질하는 데 달렸다는 공리주의 단정을 받아들여, 단순히 사회적 결과를 최대한 합산한다.

만약 그 남자아이를 죽인 행위가 도덕적 분노를 살 만한 행위라면, 두 번째 반박이 더 적절하다. 이 반박은 옳은 행위를 한다는 것은 단지 결과를, 즉 비용과 이익을 계산하는 문제가 아니라고 주장한다. 도덕은 그 이상을, 즉 사람들이 서로를 대하는 적절한 방식을 내포한다.

구명보트 사건을 바라보는 두 사고방식은 정의를 이해하는 두 가지 상반된 시각을 보여준다. 하나는 어떤 행위의 도덕성은 전적으로 그것이 초래하는 결과에 달렸다는 시각이다. 모든 것을 고려해 최선의 상황을 도출하는 행위가 옳다. 또 하나는 도덕적으로 볼 때, 결과가 전부가 아니라는 시각이다. 의무와 권리에는 사회적 결과를 떠나 존중해야 하는 것들이 있다.

구명보트 사건과 더불어 (그보다는 덜 극단적이지만) 우리가 흔히 마주치는 여러 딜레마를 해결하려면, 도덕·정치철학의 중요한 문제 몇 가지를 살펴보아야 한다. 도덕은 목숨의 숫자를 세고, 비용과 이익을 저울질하는 문제인가? 아니면 특정한 도덕적 의무와 인권은 워낙 기본적인 덕목이라 그러한 계산을 떠나 별도로 존재하는가? 그리고 특정 권리가 그렇게 기본적이라면, 타고난 권리든, 신성한 권리든, 빼앗을 수 없는 권리든, 절대적 권리든 간에, 그것을 어떻게 알아볼 수 있는가? 더불어 그것은 왜 기본 권리인가?

– 마이클 샌델 저, 이창신 옮김, 『정의란 무엇인가』, 김영사, 2010, 51-54쪽.

제5장
정확한 문장 쓰기

1. 문법에 맞는 문장
2. 의미가 명료한 문장
3. 흐름이 자연스러운 문장

문장은 모든 글의 기본 단위이며 생각을 표현하는 최소 단위이다. 문장이 모여 단락이 되고 단락이 모여 한 편의 글이 된다. 제대로 된 글을 쓰려면 무엇보다도 문장을 잘 써야 한다. 문장을 잘 쓴다는 것은 독자가 글쓴이의 생각을 명확하게 이해할 수 있게 쓴다는 것을 의미한다. 이러한 문장을 쓰기 위해서는 끊임없이 써 보고, 수정하고, 다듬는 작업을 반복해야 한다. 정확한 문장의 조건에 따라 문장을 쓰는 훈련을 해 보자.

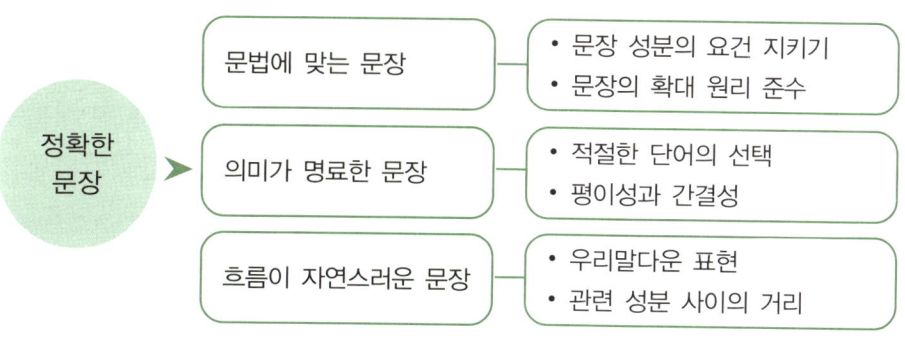

01 문법에 맞는 문장

문장의 구성 단위는 문장 안에서 각각 특정 기능을 수행한다. 이 구성 단위를 문장 성분이라고 하는데 그 기능에 따라서 주어, 서술어, 목적어, 보어, 관형어, 부사어, 독립어의 7개 성분으로 분류한다. 이 성분들은 다시, 반드시 나타나야 하는 주요 성분, 필요에 따라 나타나는 부속 성분, 다른 성분과 관계를 맺지 않는 독립 성분으로 나눈다.

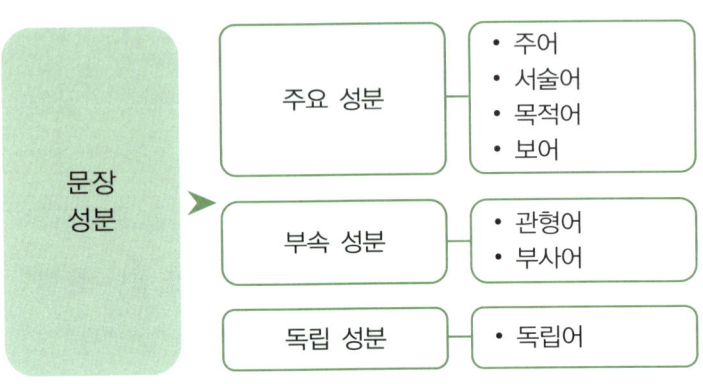

독립 성분인 독립어를 제외한 나머지 성분들은 문장 안에서 다른 성분과 유기적인 관계를 맺으면서 자신의 기능을 수행한다. 이처럼 앞에 어떤 성분이 오면 거기에 응하는 말이 따라오는 현상을 호응(呼應)이라고 한다. 문장에서 주어와 서술어는 원칙적으로 반드시 문장에 나타나야 한다. 서술어가 목적어나 보어를 요구하면 목적어나 보어도 그렇다. 곧, 문장의 주요 성분을 생략하지 않아야 의미를 효과적으로 전달할 수 있다. 또 어떤 서술어는 반드시 부사어가 필요하다.

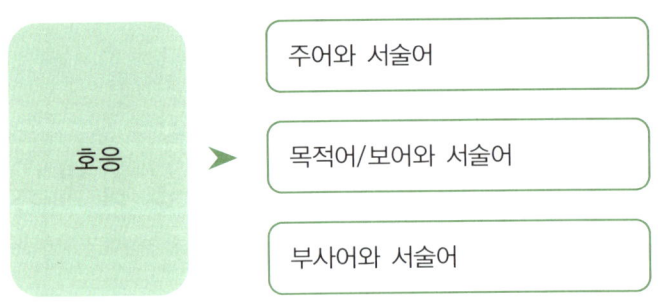

(1) 입학한 지 엊그제 같은데 너무 빨리 가는 것 같다.
(2) ㄱ. 외국어를 공부하면서 오히려 느끼게 되었다.
    ㄴ. 그는 어렸을 때부터 좋아하더니 결국 축구 선수가 되었다.
(3) 나는 정말 죽을 힘을 다해서 노력한 끝에 되고야 말았다.
(4) 그 여자는 정말 생겼다.

어떤 어구가 그와 관련된 다른 어구의 성격을 규정하는 경우도 있다. 아래의 예시문들이 그 예이다.

(1) 나는 다만/오직/오로지 그가 돌아오기만을 바란다.
(2) 그는 결코/절대로/전혀/별로 너를 반기지 않을 것이다.
(3) 왜냐하면 그는 실패한 적이 없었기 때문이다.

(1)의 '다만/오직/오로지'는 보조사 '만'과 호응하고 (2)의 '결코/절대로/전혀/별로'는 부정어 '-지 않다'와 호응한다. 그리고 (3)의 '왜냐하면'은 '때문이다'와 호응한다.

02 의미가 명료한 문장

1) 적절한 단어 선택

정확한 문장을 쓰려면 자신이 전달하려고 하는 의미를 분명하게 표현하면서도 우리말다운 단어를 선택해야 한다. 우선 평소에 사전을 수시로 참조하여 의미를 확인함으로써 단어의 정확한 의미를 파악하는 습관을 길러야 한다. 추천할 만한 사전으로는 국립국어원 누리집(www.korean.go.kr)에서 제공하고 있는 <표준국어대사전>이 있다. 다음 예시문의 괄호 안에 제시한 것은 뜻을 혼동하기 쉬운 단어들이다. 괄호 안의 어느 것이 문맥에 적당한지 판단해 보자.

(1) ㄱ. 지난 번보다 더 많은 문제를 (맞추었다/맞혔다).
ㄴ. 우리 형제는 쌍둥이지만 성격이 완전히 (다르다/틀리다).
ㄷ. 이 자리를 (빌어/빌려) 부모님께 감사의 말씀을 드립니다.
ㄹ. 그녀는 나보다 생일이 (이르다/빠르다).
ㅁ. 그는 터져 나오는 웃음을 (참지/견디지) 못하고 웃고야 말았다.

(2) ㄱ. 그는 평소에 자기 (개발/계발)을 꾸준히 한 결과 사회적으로 큰 성공을 거두었다.
ㄴ. 이번 사건을 일으킨 (주인공/장본인)이 경찰에 잡혔다.
ㄷ. 정부는 이번 홍수로 농부들이 입은 피해를 (보상하였다/배상하였다).
ㄹ. (제적/재적) 의원 중 과반수가 출석하지 않아 회의가 열리지 못하였다.
ㅁ. 어두운 밤길에 트럭이 (차로/차선)을 지키지 않아 큰 사고가 났다.

우리말다운 단어로 표현해야 독자가 이해하기가 쉽다. 이러한 단어를 선택하기 위해 주의해야 할 것은 다음과 같다.

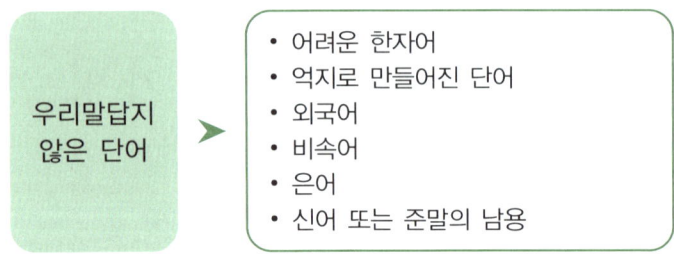

다음 예시문의 밑줄친 부분에 나타나는 한자어 표현과 고유어 표현 중에서 어느 것이 쉽게 이해되는지 판단해 보자.

(1) ㄱ. 우리는 그의 실체를 알고서 경악을 금치 못하였다.
ㄴ. 우리는 그의 실체를 알고서 깜짝 놀랐다.
(2) ㄱ. 단도직입적으로 말하면 나는 그가 싫다.
ㄴ. 한마디로 말하면 나는 그가 싫다.

(3) ㄱ. 자기 전에 미지근한 물로 샤워를 하면 숙면을 취할 수 있습니다.
　　ㄴ. 자기 전에 미지근한 물로 샤워를 하면 깊은 잠을 잘 수 있습니다.
(4) ㄱ. 그는 자신의 과거에 대해서는 언급을 피하였다.
　　ㄴ. 그는 자신의 과거에 대해서는 아무 말도 하지 않았다.
(5) ㄱ. 한국 야구 역사상 전무후무한 대기록이 달성되었다.
　　ㄴ. 한국 야구 역사상 없었던 대기록이 달성되었다.
(6) ㄱ. 그는 주제에서 벗어난 이야기를 한참 동안 중언부언하였다.
　　ㄴ. 그는 주제에서 벗어난 이야기를 한참 동안 되풀이하였다.
(7) ㄱ. 그는 중차대한 일을 앞두고 대체 어딜 간 거야?
　　ㄴ. 그는 매우 중요한 일을 앞두고 대체 어딜 간 거야?
(8) ㄱ. 정부는 해외 관광객 유치를 위해 총력을 경주하고 있다.
　　ㄴ. 정부는 해외 관광객 유치를 위해 모든 힘을 쏟고 있다.

최근에는 억지로 만든 단어를 광고나 구호에 쓰는 예가 점점 늘어나고 있다. 쓰는 사람은 이러한 표현이 효과적이라고 생각할지도 모른다. 그러나 이러한 표현은 글의 품격을 떨어뜨릴 뿐만 아니라 읽는 사람이 글쓴이의 의도를 이해하기도 어렵다. 다음 표현이 무엇을 의도했는지 생각해 보자.

(1) 경매路 몰린다, 男存女悲, 성과급 富럽다, 쇼핑몰愛 빠졌다, 女길 보세요, 정리해고 水준이 다르다, 이럴 水가 없다, 뭐든지 多 있다, 힘내自!, 공공구매路, 중랑천愛 놀자
(2) 문탠 로드, 중소 氣UP, we氣 UP多, Green 희망 Job氣, E런 Pass, 맘프러너 창업 스쿨

외국어를 섞어서 쓴 표현도 의미를 제대로 전달하기 어렵다. 외국어 표현은 다음 예시문 (1)~(3)에서 보는 것처럼 정부 기관, 방송 프로그램, 광고 등에서 광범위하게 사용된다. (1)~(3)의 예시문이 무엇을 뜻하는지 생각해 보자.

(1) 반포 컬처 랜드, 금호 나들목 빌리지 커뮤니티 플라자, 윈드 앤 바이시클 플라자

(2) 러브 인 아시아, 키즈 사이언스, 아이디어 하우 머치

(3) ㄱ. 허리는 잘록하게 가슴은 볼륨 있게, 기모노 스타일의 플라워 블라우스에 데님 크롭트 팬츠를 믹스 매치…(비너스 속옷 '솔브'의 광고 중에서)

ㄴ. 골드펄이 레이어드된 블루빛 아이로 누구보다 시크하게, 빛나는 골드 마스카라로 누구보다 도도하게 — 올 가을 라네즈의 스타일 제안 '라네즈 골든 블루'

- 골든 블루의 광고 중에서

비속어와 이모티콘도 글을 쓸 때 피해야 한다. 신어를 남용하는 것도 마찬가지이다. 독자 모두가 이러한 부류의 표현을 이해하는 것은 아니기 때문이다.

(1) 쌩까다, 구워 처먹다, 날로 먹다, 썩소, 떠들고 자빠져 있다, 골때리다, 빡세다, 뻥 뜬다, 쪽팔리다

(2) ㅠㅠ, ^.^, >.<, OTL, :), KIN, -.,-, @,,@

(3) 건어물녀, 골드 미시, 꼴불남, 꽁파라치, 넷치기, 다운족, 댄스 머신, 뚜벅이족, 떼거리즘, 밥터디, 빌빌 세대, 생일 빵, 선플, 연인 세트, 예능 나들이, 취업모, 반계탕, 시골틱하다, 파워 신인

2) 쉽고 간결한 문장

문장은 독자가 이해하기 쉬워야 한다. 꼭 필요한 말만 쓰고, 문장의 길이는 적절하게, 문장의 구조는 단순하게 쓰는 것이 좋다.

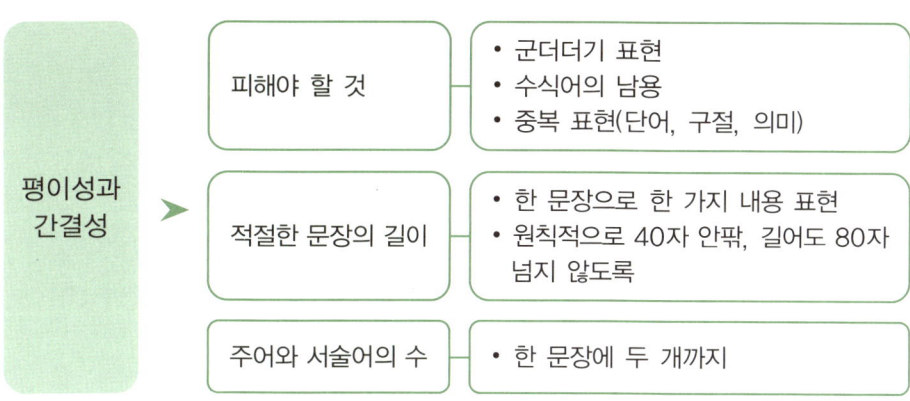

 우선 군더더기 표현, 불필요한 수식어, 중복된 표현이 없는 문장이어야 독자들이 이해하기가 편하다. 다음 예시문들의 ㄱ, ㄴ을 읽고 어느 쪽이 이해하기 쉬운지 검토해 보자.

(1) ㄱ. 이것은 기적이라고 하지 않을 수 없다.
    ㄴ. 이것은 기적이다.
(2) ㄱ. 내부 점검 과정을 통해 문제점이 드러날 것이다.
    ㄴ. 내부를 점검하면 문제점이 드러날 것이다.
(3) ㄱ. 그것은 내 인생에 있어서 가장 중요한 책이었다.
    ㄴ. 그것은 내 인생에서 가장 중요한 책이었다.
(4) ㄱ. 저는 교통사고로 인해 병원에 오랫동안 입원했습니다.
    ㄴ. 저는 교통사고로 병원에 오랫동안 입원했습니다.
(5) ㄱ. 그래서 우리는 공부를 열심히 해야 한다는 것이다.
    ㄴ. 그래서 우리는 공부를 열심히 해야 한다.

(1) ㄱ. 버스를 타면 집에서 회사까지 약 한 시간 정도 걸린다.
    ㄴ. 버스를 타면 집에서 회사까지 한 시간 정도 걸린다.
(2) ㄱ. 저는 성격이 꽤 조용한 편입니다.
    ㄴ. 저는 성격이 조용한 편입니다.
(3) ㄱ. 아기가 깰지 모르니 가능한 한 조용히 하자.
    ㄴ. 아기가 깰지 모르니 조용히 하자.

(1) ㄱ. 지난 과거를 돌이켜 보니 후회가 밀려옵니다.
　　ㄴ. 과거를 돌이켜 보니 후회가 밀려옵니다.
(2) ㄱ. 저는 평소에 영어와 컴퓨터 공부도 열심히 하였고, 전공 공부도 열심히 하였습니다.
　　ㄴ. 저는 평소에 영어, 컴퓨터, 전공을 열심히 공부하였습니다.
(3) ㄱ. 저는 초등학교를 졸업하고 중학교에 입학할 때쯤부터 많이 아팠습니다.
　　ㄴ. 저는 중학교에 입학할 때쯤부터 많이 아팠습니다.
(4) ㄱ. 저는 2남 중 장남으로 동생이 한 명 있습니다.
　　ㄴ. 저는 2남 중 장남입니다.

긴 문장보다 짧은 문장이 이해하기 쉽다. 짧은 문장을 쓰기 위해서는 한 문장에 하나의 내용만 담는다는 원칙을 세우는 것이 좋다. 기본적인 문장의 길이는 40자 정도를 원칙으로 한다. 40자보다 더 길어지는 경우도 있을 수 있지만 되도록 80자는 넘어가지 않는 것이 좋다. 다음은 동일한 내용을 문장의 개수를 다르게 하여 표현한 것이다. 어느 쪽이 더 쉬운지 검토해 보자.

(1) 정보 서비스·전자 상거래·홈뱅킹 등 수용자의 다양한 정보 욕구를 충족시켜 줄 쌍방향 데이터 서비스를 앞당기기 위해서는 방송·통신 융합에 따른 데이터 서비스 개념을 정립하고 새로운 제도적 기반을 마련해야 하며, 기술 개발 및 표준형 수신기의 생산 산업화를 조속히 이루어야 한다.(1문장)
(2) 쌍방향 데이터 서비스는 정보 서비스·전자 상거래·홈뱅킹 등 수용자의 다양한 정보 욕구를 충족시켜 준다. 이러한 서비스를 앞당기기 위해서는 방송·통신 융합에 따른 데이터 서비스 개념을 정립하고 새로운 제도적 기반을 마련해야 하며, 기술 개발 및 표준형 수신기의 생산 산업화를 조속히 이루어야 한다.(2문장)
(3) 쌍방향 데이터 서비스는 정보 서비스·전자 상거래·홈뱅킹 등 수용자

의 다양한 정보 욕구를 충족시켜 준다. 이러한 서비스를 앞당기기 위해서는 방송·통신 융합에 따른 데이터 서비스 개념을 정립하고 새로운 제도적 기반을 마련해야 한다. 이와 함께 기술 개발 및 표준형 수신기의 생산 산업화를 조속히 이루어야 한다.(3문장)

(4) 정보 서비스·전자 상거래·홈뱅킹 등 수용자의 다양한 정보 욕구를 충족시켜 줄 쌍방향 데이터 서비스를 앞당기기 위해서는 다음의 세 가지가 필요하다. 첫째, 방송·통신 융합에 따른 데이터 서비스 개념을 정립해야 한다. 둘째, 새로운 제도적 기반을 마련해야 한다. 셋째, 기술 개발 및 표준형 수신기의 생산 산업화를 조속히 이루어야 한다.(4문장)

(5) 쌍방향 데이터 서비스는 정보 서비스·전자 상거래·홈뱅킹 등 수용자의 다양한 정보 욕구를 충족시켜 준다. 이 서비스를 앞당기기 위해서 필요한 것은 다음의 세 가지다. 첫째, 방송·통신 융합에 따른 데이터 서비스 개념을 정립해야 한다. 둘째, 새로운 제도적 기반을 마련해야 한다. 셋째, 기술 개발 및 표준형 수신기의 생산 산업화를 조속히 이루어야 한다.(5문장)

어쩔 수 없이 겹문장을 써야 할 때에도 주어와 서술어의 수는 두 개를 넘지 않는 것이 좋다. 다음 두 문장을 읽어 보면 (1)보다는 (2)가 훨씬 이해하기가 쉽다. 그 이유는 각 문장의 주어와 서술어의 수가 (1)보다 (2)가 훨씬 적기 때문이다.

(1) 역사를 잃어버린 티베트인들은 중국의 소수 민족이라는 초라한 이름으로 겨우 명맥을 유지하고는 있으나 그나마도 티베트의 영구적 점령을 다지기 위한 목적으로 밀려오는 중국의 정책적인 이민자들에게 노른자위 옥토를 거의 다 빼앗기고 차츰 그들의 조상 땅에서조차도 더욱더 변방으로 밀려나고 있는 것이 오늘의 비참한 현실인 것이다.

(2) 역사를 잃어버린 티베트인들은 중국의 소수 민족이라는 초라한 이름으로 겨우 명맥을 유지하고는 있다. 그러나 중국의 정책적인 이민자들은 티베트를 영구히 점령하기 위해 밀려오고 있다. 티베트인들은 이들에

게 노른자위 옥토를 거의 다 빼앗기고 차츰 그들의 조상 땅에서조차도 더욱 더 변방으로 밀려나고 있다. 이것이 오늘의 티베트인들의 비참한 현실이다.

흐름이 자연스러운 문장

1) 우리말다운 구조

정확한 문장은 전체적인 구조가 우리말다운 문장이다. 우리말다운 문장을 쓰기 위해서는 외국어 투 표현, 이중 사동과 이중 피동, 명사문, 구어적 표현, 불완전한 문장을 피해야 한다.

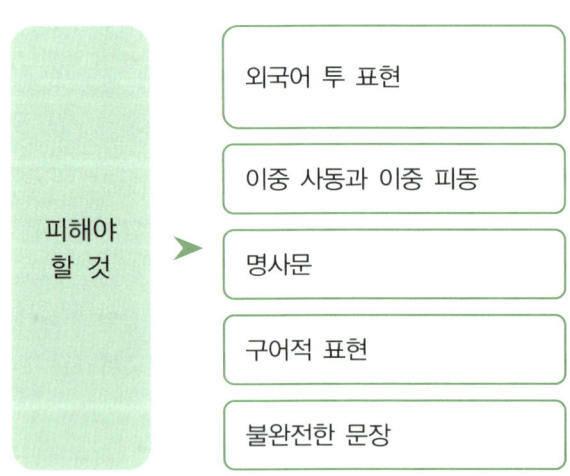

다음 예시문의 ㄱ, ㄴ을 대조하여 어느 문장의 흐름이 자연스러운지 판단해 보자. (1), (2)는 지시어와 관계된 예문, (3), (4)는 무생물 주어와 관계된 예문, (5), (6)은 각각 이중 사동 및 이중 피동과 관계된 예문, (7), (8)은 명사문과 관계된 예문, (9)~(12)는 구어적 표현과 관계된 예문, (13), (14)는 불완전한 문장과 관계된 예문이다.

예문

(1) ㄱ. ㉮, ㉯의 기술 방법과 ㉰, ㉱의 그것은 동일하다.
　　ㄴ. ㉮, ㉯의 기술 방법은 ㉰, ㉱와 동일하다.
(2) ㄱ. 세상에는 미친 자와 미쳐 가는 자가 있다. 나는 전자였고 내 친구는 후자였다.
　　ㄴ. 세상에는 미친 자와 미쳐 가는 자가 있다. 나는 미친 자였고 내 친구는 미쳐 가는 자였다.
(3) ㄱ. 대학 축제는 신입생들을 설레는 마음으로 기다리게 한다.
　　ㄴ. 신입생들은 대학 축제를 설레는 마음으로 기다린다.
(4) ㄱ. 그것은 바보 같은 짓이었다고 생각된다.
　　ㄴ. 나는 그것이 바보 같은 짓이었다고 생각한다.
(5) ㄱ. 선생님은 우리 반 학생들에게 새로 전학해 온 친구를 소개시켜 주셨다.
　　ㄴ. 선생님은 우리 반 학생들에게 새로 전학해 온 친구를 소개해 주셨다.
(6) ㄱ. 두 공간을 명확하게 구분하는 것은 한계가 있다고 생각되어졌다.
　　ㄴ. 두 공간을 명확하게 구분하는 것은 한계가 있다고 생각되었다.
(7) ㄱ. 새로 설치된 조형물이 도시 미관을 해치고 있어서 철거해야 한다는 여론이다.
　　ㄴ. 새로 설치된 조형물이 도시 미관을 해치고 있어서 철거해야 한다는 여론이 있다.
(8) ㄱ. 앞으로 창의적인 연구를 계속함으로써 국가 기초 과학 발전에 이바지해야 하겠다.
　　ㄴ. 앞으로 창의적인 연구를 계속하여 국가 기초 과학 발전에 이바지해야 하겠다.
(9) ㄱ. 그런 건 이미 널리 알려져 있다.

ㄴ. 그런 것은 이미 널리 알려져 있다.
(10) ㄱ. 그는 말하자면 이미지가 뚜렷하지 않아서 오히려 인상적인 연기를 보여줄 수 있었다.
ㄴ. 그는 이미지가 뚜렷하지 않아서 오히려 인상적인 연기를 보여줄 수 있었다.
(11) ㄱ. 오늘 회의의 분위기는 굉장히 무거웠다.
ㄴ. 오늘 회의의 분위기는 대단히 무거웠다.
(12) ㄱ. 그에게는 엄청/나름/훨 잘 해야 한다는 부담감이 있었다.
ㄴ. 그에게는 엄청나게/나름대로/훨씬 잘 해야 한다는 부담감이 있었다.
(13) ㄱ. 오늘 해야 할 일이 한두 가지가 아니었다. 설거지하기, 복습하기, 동생 돌보기.
ㄴ. 설거지하기, 복습하기, 동생 돌보기 등 오늘 해야 할 일이 한두 가지가 아니었다.
(14) ㄱ. 무엇을 어떻게 준비해야 할지…….
ㄴ. 무엇을 어떻게 준비해야 할지 모르겠다.

2) 관련 성분 사이의 거리

문장 성분 중 서로 관련을 맺고 있는 것들은 거리가 가까운 것이 좋다. 이처럼 서로 가까이 있어야 하는 문장 성분으로는 주어와 서술어, 서술어와 목적어, 수식어와 피수식어를 들 수 있다.

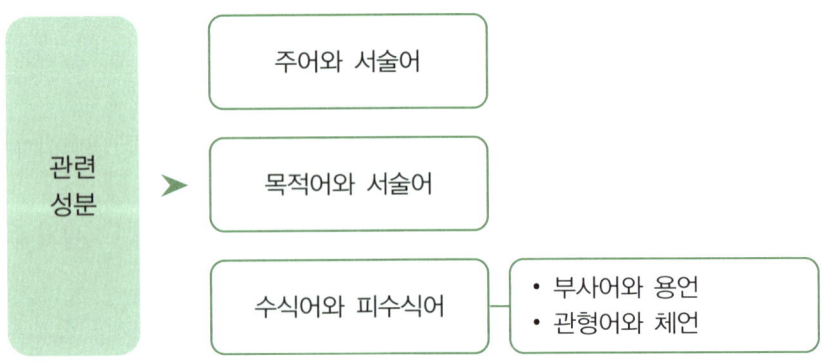

다음 예시문의 ㄱ, ㄴ을 서로 대조하여 어느 문장의 흐름이 자연스러운지 판단해 보자.

(1) ㄱ. 이 책의 저자는 주인공이 고양이가 어디에 있는지 알고 싶어할 것이라고 말했다.
    ㄴ. 고양이가 어디에 있는지 주인공이 알고 싶어할 것이라고 이 책의 저자는 말했다.
(2) ㄱ. 식사를 바쁘다고 해서 거르면 건강이 나빠질 수도 있다.
    ㄴ. 바쁘다고 해서 식사를 거르면 건강이 나빠질 수도 있다.
(3) ㄱ. 일요일이 되면 가끔 나는 시끌벅적한 그 식당에서 점심 식사를 했다.
    ㄴ. 일요일이 되면 나는 시끌벅적한 그 식당에서 가끔 점심 식사를 했다.
(4) ㄱ. 우리는 크나큰 스님의 가르침을 결코 잊지 않을 것입니다.
    ㄴ. 우리는 스님의 크나큰 가르침을 결코 잊지 않을 것입니다.

읽을거리 5

다음은 글쓰기에 대한 옛 사람의 태도를 보여주는 글이다. 오늘날과 어떤 점이 같고 다른지 비교해 보자.

글을 잘 짓는 사람은 병법을 잘 알고 있는 것이로다.

글자[단어]는 말하자면 군사요, 뜻[주제사상]은 말하자면 장수에 해당한다. 제목은 적국이요, 전거(典據)로 삼을 지식은 전장의 보루와 같다. 글자를 묶어서 구(句)로 만들고 구를 합해서 문장을 이루는 것은 대열을 짓고 진을 짜는 것과 같으며, 운을 가다듬어 소리를 내고 수사로써 빛을 내는 것은 북과 종을 울리고 깃발을 펄럭이는 것과 같은 것이다. 조응(照應)이란 봉화, 비유(譬喩)란 유격대에 해당하고, 억양(抑揚)과 반복(反復)은 육박전으로 적을 무찌르는 것과 같다. 제목을 미리 설파하고 나서며 매듭을 지어놓는 것은 적진에 먼저 뛰어 들어 적을 생포하는 것과 같고, 함축을 귀중히 여김은 적의 패잔병을 사로잡지 않음과 같고, 여운을 두는 것은 기세를 떨치면서 개선하는 격이다.(중략)

저 자구(字句)가 우아하다거니 비속하다거니 평하고, 어느 장(章)의 격조가 높다거니 낮다거니 의논하는 무리들은 모두 구체적 상황에 따라 병법이 변해야 하고 그 상황에 적합한 응용에 의해서 승리가 얻어진다는 것을 모르는 사람들이다. 비유해 말하자면 용감치 못한 장수가 속으로 아무런 요량도 없이 갑자기 적의 굳은 성벽에 부닥친 것이나 마찬가지로 글 지을 줄 모르는 사람이 속으로 아무런 요량도 없이 갑자기 글 제목을 만났다고 하자. 겁결에 산 위의 풀과 나무에 지레 걸려 넘어지듯 눈앞의 붓과 먹이 다 결단나고, 머리 속에 기억하고 외우던 문자조차 쓸모 없이 흩어져서 남는 것이 없으리라. 그렇기 때문에 글을 짓는 사람의 걱정은 언제나 제풀에 갈팡질팡 길을 잃고 요령[要領: 전체의 핵심]을 잡지 못하는 데 있는 것이다. 길을 잃어버리고 나면 한 글자도 어떻게 쓸 줄 모르는 채 더디고 까다로움만을 고되게 여기게 되고, 전체의 핵심을 잡지 못하면 겹겹으로 꼼꼼이 둘러싸 놓고서도 오히려 허술함을 걱정하는 것이다. 비유해 말하자면 아무리 맹장이라도 군대가 한 번 제 길을 잃어버릴 때에는 최후의 운명을 면치 못하며 아무리 물샐 틈 없이 포위한 때에라도 적이 빠져 도망칠 틈은 없지 않은 것과 같다. 한 마디의 말만 가지고도 요점을 찌르며 나가면 마치 적의 아성으로 감쪽같이 쳐들어가는 격이요. 단 한 구절의 말만 가지고도 핵심을 끌어낸다면 마치 적의 힘이 다할 때를 기다렸다가 드디어 그 진지를 함락시키는 것과 같다. 글 짓는 묘리는 바로 이와 같아야 최상이라 할 수 있다.
(후략)

— 박지원, 소단적치 서문(騷壇赤幟引)

제6장
어문 규범의 이해

1. 한글 맞춤법
2. 표준어 규정
3. 외래어 표기법
4. 원고지 사용법

어문 규범은 효율적인 의사소통을 위해서 만들어진 것으로, 언어 생활에서 따르고 지켜야 할 공식적인 기준이다. 대표적인 어문 규범으로는 한글 맞춤법, 표준어 규정, 외래어 표기법, 국어의 로마자 표기법이 있다. 그리고 관습적으로 통용되는 것으로 원고지 사용법도 들 수 있다.

한글 맞춤법

1) 원리

한글 맞춤법의 원리는 제1장 총칙에 제시되어 있다. 제1항은 '한글 맞춤법은 표준어를 소리대로 적되, 어법에 맞도록 함을 원칙으로 한다'이고, 제2항은 '문장의 각 단어는 띄어 씀을 원칙으로 한다'이다. 총칙을 도식화하면 아래와 같다.

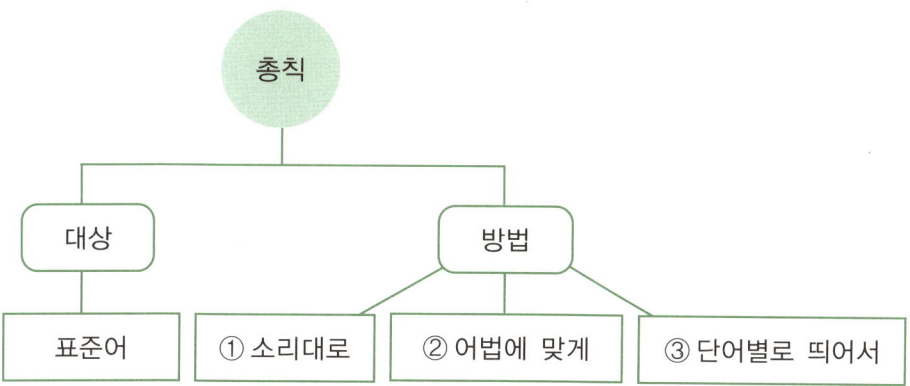

2) 틀리기 쉬운 표기

아래의 예는 우리가 흔히 틀리는 표기가 들어 있다. 한글 맞춤법의 원리를 고려하여 수정하여 보자.

- 뚝빼기, 곱빼기
- 숫가락과 젓가락
- 운율에는 내재율과 외형율이 있다.
- 회계년도, 학년도, 몇 년, 년평균; 어린이란, 메모란, 비고란
- 산신령이 "금도끼도 당신 것이 아니요, 은도끼도 당신 것이 아니요. 그렇지요?"라고 하자, 나무꾼이 "아니오."라고 대답했다.
- 도와, 괴로와, 남자다와
- 바둑이, 오뚜기, 깍두기
- 산 넘어로 넘어 갔다.
- 셋방, 횟수, 숫자, 곳간, 찻간, 툇간, 갯수
- 전세집, 전세방
- 등교길, 장마비, 대폿값, 소수점, 뒷풀이
- 윗사람, 윗니, 윗눈썹, 윗층, 윗쪽
- 되다, 됐다, 되요; 뵈다, 뵀다, 뵈요; 쐬다, 쐤다, 쐬요
- 따뜻히, 가까이, 틈틈히, 곰곰이, 가만가만히, 조용히
- -(으)ㄹ꺼나, -(으)ㄹ껄, -(으)ㄹ께, -(으)ㄹ쑤록, -(으)ㄹ찌, -(으)ㄹ찌라도, -(으)ㄹ까?, -(으)ㄹ꼬?, -(스)ㅂ니까?, -(으)리까?, -(으)ㄹ쏘냐?
- 얼마나 맛있든지, 비싸든지 말든지 상관없었다.
- 신제품으로서의 요건, 사람으로써 기계를 대신함.
- 왠지, 왠일, 왠만큼; 몇 월 몇 일

3) 띄어쓰기

문장의 각 단어는 띄어 씀을 원칙으로 한다.

- 우리나라는 한국이다.
- 해야 하겠다(해야겠다), 좋지 않다(좋잖다)
- 제1 장, 제1장, 제 1장(×)
- 몽룡 씨의 성은 이씨이다. 이 씨와 성춘향 씨는 우리 직원이고, 남궁 민 씨는 우리 직원이 아니다.
- 먹고 싶다, 먹지 마라

조사는 윗말에 붙여 쓰고, 숫자는 만(萬) 단위로 띄어 쓴다. 성과 이름은 혼동을 줄 경우를 제외하고는 붙여 쓴다.

- 꽃이, 꽃에서부터, 멀리는, 웃고만, 한국이다
- 십이억 삼천사백오십육만 칠천팔백구십팔
- 김양수, 서화담, 남궁억/남궁 억

원래 띄어 써야 하지만, 의미 파악을 쉽게 하기 위해서 붙여 쓸 수 있는 경우도 있다.

- 그때 그곳, 좀더 큰 이 새집
- 대한중학교, 한국대학교 사범대학
- 만성골수성백혈병
- 먹어보다(먹어도 보다), 할만하다

다음처럼 형태는 같아도 품사에 따라 띄어쓰기가 다른 경우도 있다.

- 어머니께서 화를 내실 만도 하지만, 석 달 만에 돌아온 나만 믿으렴.
- 홍길동 님, 사장님은 어디 계세요?
- 날씨도 화창한데, 어디 좋은 데 소풍 가는 게 어때?
- 모두 같이 가면 너같이 큰 애는 금방 눈에 띌 거다.

- 예전에 말한 대로, 너뿐만 아니라 다른 사람들도 자기 생각대로 했을 뿐이야.
- 너만큼 잘하지는 못했지만, 나도 할 만큼은 했어.

02 표준어 규정

표준어 규정은 표준어 사정 원칙(1부)과 표준 발음법(2부)으로 나누어져 있고, 제1부 표준어 사정 원칙은 3개의 장으로, 제2부 표준 발음법은 7개의 장으로 구성되어 있다. 표준어 사정 원칙 3개의 장에는 각각 총칙(1장), 발음 변화에 따른 표준어 규정(2장), 어휘 선택의 변화에 따른 표준어 규정(3장)이 포함되어 있다.

■ 원칙 1

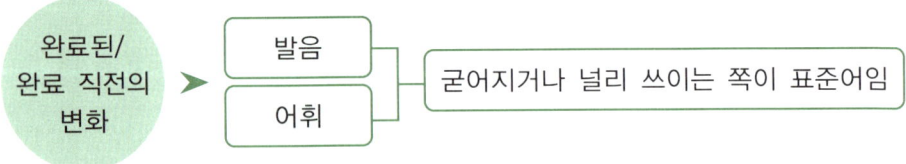

■ 어휘

- 까다롭다(까탈스럽다×), 빠뜨리다/빠트리다(빠치다×), 안절부절못하다(안절부절하다×), 주책없다(주책이다×), 열어젖히다/열어젖뜨리다/열어젖트리다(열어제치다/열어제끼다×)

- 발음

  - 자음: 사글세(삭월세×), 둘째(두째×), 셋째(세째×), 넷째(네째×), 빌리다(借, 貸)
  - 모음: 깡충깡충(깡총깡총×), 오뚝이(오똑이×), 쌍둥이(쌍동이×); 깍쟁이(깍정이×), 나무라다(나무래다×), 바라다/바람(바래다×/바램×), 상추(상치×), 주책(주착×), 호루라기(호루루기×)
  - 준말: 무(무우×), 생쥐(새앙쥐×)
  - 기타: 꼭두각시(꼭둑각시×), 천장(천정×), 봉숭아(봉숭화×)

- 주의해야 할 것

  - -내기(서울내기, 신출내기), 냄비(남비×), 나부랭이(나부랑이×), 아지랑이(아지랭이×)
  - 미장이, 유기장이; 멋쟁이, 개구쟁이
  - 윗니, 윗도리, 윗목, 윗입술; 웃어른, 웃옷
  - 수꿩, 수놈, 수소 등; 수캐, 수탉, 수평아리 등; 숫양, 숫염소, 숫쥐

- 원칙 2

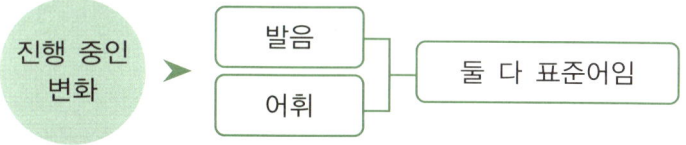

- 어휘

가뭄/가물, 감감무소식/감감소식, 넝쿨/덩굴(덩쿨×), 눈대중/눈어림/눈짐작, 만큼/만치, 모내기/모심기, 보통내기/여간내기/예사내기, 척/체, 어이없다/어처구니없다, 어저께/어제, 우레/천둥(우뢰×), 좀처럼/좀체(좀체로×), 중신/중매, -(으)세요/-(으)셔요, -이에요/-이어요, 아무튼/어떻든/어쨌든/하여튼/여하튼, 가엾다/가엽다, 서럽다/섧다, 여쭈다/여쭙다, 깨뜨리다/깨트리다

■ 발음

네/예, 고린내/코린내, 구린내/쿠린내, 꺼림칙하다/께름칙하다, 거슴츠레하다/게슴츠레하다, 괴다/고이다, 꾀다/꼬이다, 쐬다/쏘이다, 죄다/조이다, 쬐다/쪼이다, 쇠고기/소고기, 노을/놀, 막대기/막대, 머무르다/머물다, 서두르다/서둘다, 서투르다/서툴다, 오누이/오뉘/오누, 외우다/외다, 찌꺼기/찌끼

외래어 표기법

외래어 표기법은 외국어에서 들어온 외래어를 한글로 표기하는 방법이다. 여기에서는 외래어 표기법의 기본 원칙과 영어의 표기 중에서 틀리기 쉬운 것, 그리고 동양의 인명, 지명 표기 방법을 알아보기로 한다.

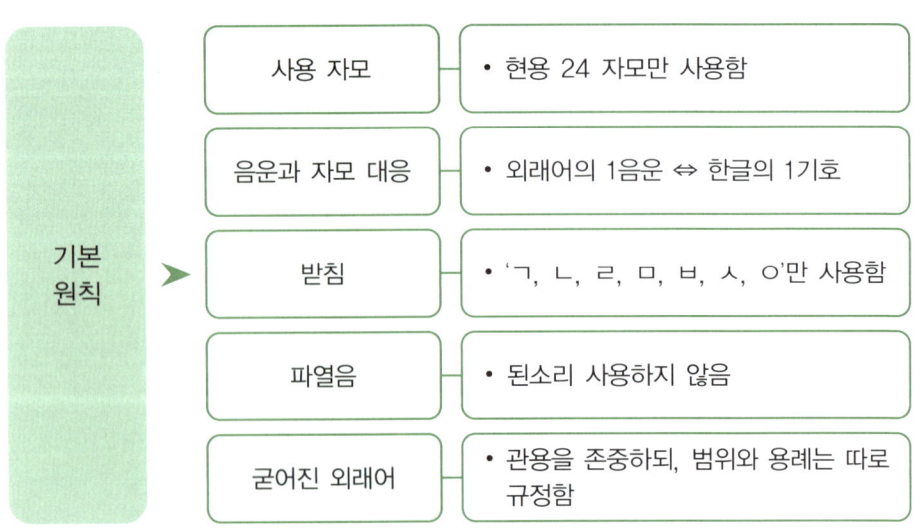

1) 영어의 표기

- 받침으로 적는 [p, t, k]
  - 짧은 모음+[p, t, k]로 끝나는 단어에서
  - 짧은 모음+[p, t, k]+유음·비음이 아닌 자음에서
- '으'를 붙여 적는 경우: 어말과 자음 앞의 [p, t, k], [b, d, g], [s, z, f, v, θ, ð], [ts, dz]
- [ʃ]: 어말에서는 '시', 자음 앞에서는 '슈', 모음 앞에서는 뒤따르는 모음에 따라 '샤', '섀', '셔', '셰', '쇼', '슈', '시'로 표기
- [ʒ]: 어말 또는 자음 앞에서는 '지', 모음 앞에서는 'ㅈ'으로 표기
- [tʃ], [dʒ]: 어말 또는 자음 앞에서는 '치', '지', 모음 앞에서는 'ㅊ', 'ㅈ'으로 표기
- [f]: 'ㅍ'으로 표기

2) 중국과 일본의 인명, 지명

- **중국**
  - 인명: 1911년 신해혁명 이전의 인물은 한국 한자음대로 표기하고, 이후의 현대인은 중국어 표기법에 따라 표기하되, 필요한 경우 한자를 병기함
  - 지명: 현재 쓰이지 않는 것은 우리 한자음대로 표기, 현재 쓰이는 것은 중국어 표기법에 따라 표기하되, 필요한 경우 한자를 병기함
- **일본**: 일본어 표기법에 따라 표기하는 것을 원칙으로 하되, 필요한 경우 한자를 병기함
- **허용 조항**
  - 우리 한자음으로 읽는 관행이 있는 중국의 현대 인명
  - 우리 한자음으로 읽는 관행이 있는 중국과 일본의 지명

- 사례

    - 중국의 인명: 이백(李白), 두보(杜甫), 후진타오(胡錦濤), 청룽(成龍), 리샤오룽(李小龍)
    - 중국의 지명: 난징(南京), 칭다오(靑島), 하얼빈(哈爾濱), 옌볜(延邊)
    - 일본의 지명과 인명: 히로시마(廣島), 나고야(名古屋), 나가사키(長崎), 오사카(大阪),
    - 일본의 인명: 도요토미 히데요시(豊臣秀吉), 미야자키 하야오(宮崎駿), 기무라 다쿠야(木村拓哉)
    - 관용 인정: 장제스/장개석(蔣介石), 마오쩌둥/모택동(毛澤東), 도쿄/동경(東京), 교토/경도(京都), 상하이/상해(上海), 홋카이도/북해도(北海道)

3) 바다, 섬, 강, 산 등의 표기

- 외래어에 붙을 때에는 띄어 쓰고 우리말에 붙을 때에는 붙여 씀
- 바다: '해(海)'로 통일함
- 섬: 우리나라를 제외하고 모두 '섬'으로 통일함
- '강', '산', '호', '섬' 등의 중복 표기: 한자 사용 지역(일본, 중국)의 지명이 하나의 한자로 되어 있는 것
- '산맥', '산', '강' 의 중복 표기: 지명 자체에 산맥, 산, 강 등의 뜻이 들어 있는 것

- 사례

    - 바다, 섬: 카리브 해, 북해, 발리 섬, 목요섬, 홍해, 발트 해, 아라비아 해, 타이완 섬, 코르시카 섬, 울릉도
    - 중복 표기: 온타케 산(御岳), 주장 강(珠江), 도시마 섬(利島), 하야카와 강(早川), 위산 산(玉山), Sierra Madre 시에라마드레 산맥,

Monte Rosa 몬테로사 산, Mont Blanc 몽블랑 산, Rio Grande 리오그란데 강

04 원고지 사용법

1) 정렬

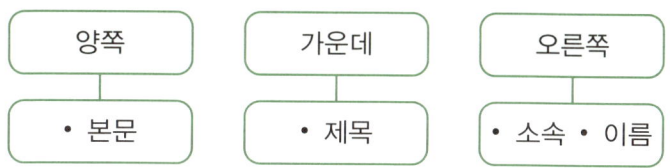

2) 빈 줄 및 빈칸의 삽입

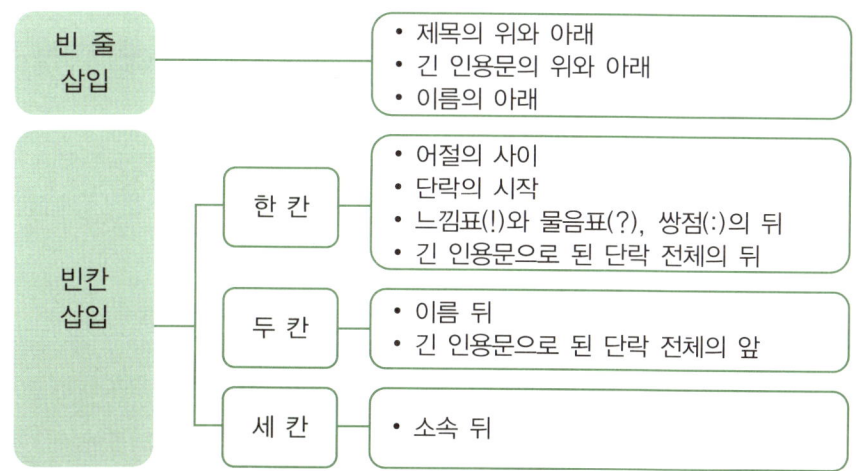

3) 글자와 부호의 배치

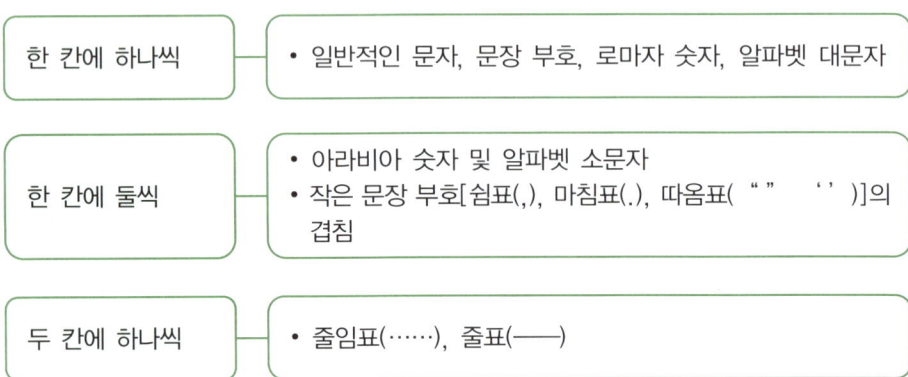

한 칸에 하나씩	• 일반적인 문자, 문장 부호, 로마자 숫자, 알파벳 대문자
한 칸에 둘씩	• 아라비아 숫자 및 알파벳 소문자 • 작은 문장 부호[쉼표(,), 마침표(.), 따옴표(" " ' ')]의 겹침
두 칸에 하나씩	• 줄임표(……), 줄표(──)

주의 사항

- 성과 이름은 붙여 쓴다. 예 홍길동(○)/홍 길동(×)
- 단락의 시작 부분이 아닌 위치에 빈칸을 삽입해야 할 때는 윗줄 마지막 칸 뒤에 띄움표(∨)를 붙인다.
- 문장 부호 중에서 온점 마침표(.), 쉼표(,), 쌍점(:), 괄호와 따옴표의 뒷부분( ), ', ")은 첫 칸에 쓰지 않고 마지막 칸에 글자와 함께 쓰거나 마지막 칸 뒤에 쓴다.

4) 교정부호

의미	예	결과
글자 띄우기	사람과∨사람	사람과 사람
글자 붙이기	큰 아버지	큰아버지
글자 고치기	코키리(끼)	코끼리
여러 글자 고치기	할아버지를 모시고(머니)	할머니를 모시고
글자 지우기	독립의 선언	독립 선언
글자 덧붙이기	고향으로 돌아온(∨되)	고향으로 되돌아온

글자 순서 바꾸기	대접 문화	접대 문화
문장 부호 첨가	하늘∧땅∧사람	하늘, 땅, 사람
왼쪽으로 이동	사람이다. 　우리도	사람이다. 우리도
오른쪽으로 이동	얼마나 좋은가?　그러나	얼마나 좋은가? 그러나
새로운 줄로 바꾸기	…… 하늘이 높았다. 그는	…… 하늘이 높았다. 　그는
앞 줄에 연결하기	책을 읽는다. 　아무리 봐도	책을 읽는다. 아무리 봐도
교정 취소	우리의 소원	우리의 소원

읽을거리 6

다음 글은 조나단 스위프트가 쓴 〈걸리버 여행기〉의 한 부분이다. 글을 읽고 이 세상의 모든 언어와 문법이 없어진다면 어떤 일이 발생할지 생각해 보자.

우리는 다음으로 언어 연구 학교에 갔다. 세 명의 교수들이 자기 나라의 언어를 개선하기 위하여 토론하고 있었다. 그들의 첫 번째 연구 계획은 다음절 단어를 단음절 단어로 줄이거나, 동사나 분사들을 빼 버림으로써 모든 대화를 간소화해 나가는 작업이었다. 그들은 그렇게 할 수 있는 근거로서 사실 우리가 생각할 수 있는 모든 것들은 명사에 불과하다는 이유를 들었다.

또 다른 연구 계획은 종류가 무엇이든 모든 단어들을 아예 완전히 없애 버리자는 것이었다. 이 연구는 단순함이라는 측면에서도 그렇지만, 건강이라는 측면에서 큰 장점이 있는 것으로 주장되었다. 우리가 말하는 모든 단어 하나하나가 어느 정도 우리의 폐를 부식시켜 축소하게 만들며, 생명 단축에 기여한다는 것이다. 이 계획은 그에 대한 해결책으로 제시되었다. 단어들이란 사물들의 명칭에 불과하니 모든 사람들이 자신들이 이야기할 특정 업무와 관련된 사물들을 가지고 다니는 것이 말을 하는 것보다 더 편리하다는 것이다. 그러나 이 묘안은 여자들과 평민들, 문맹자들이 연대하여, 자신들에게 조상들이 하던 대로 혀를 사용하여 말할 자유를 주지 않으면 반란을 일으키겠다고 협박하는 바람에 실행되지 못하였다. 평민들이란 그처럼 항상 화해가 불가능한 학문의 적이다.

그러나 박식하고 지혜로운 많은 사람들은 사물들을 가지고 다니며 직접 그 물건들로 자신의 의사를 표시하는 계획을 실행해 나갔다. 이 계획의 유일하게 불편한 점은 다음과 같았다. 어떤 사람의 업무가 아주 많고 여러 가지 종류인 경우, 튼튼한 하인 두 명을 수행하고 다닐 처지가 아니라면 자신이 직접 엄청나게 많은 물건 꾸러미들을 짊어지고 다녀야 한다. 나는 종종 그런 현명한 학자들이 마치 우리나라의 보따리 행상들처럼 꾸러미를 메고 그 무게에 짓눌려 다니다가, 서로 만나게 되면 그 꾸러미들을 내려 놓고 펼친 뒤 한 시간가량 필요한 물건들을 꺼내며 대화하는 모습을 보았다. 그리고 대화가 끝나면 이들은 다시 물건들을 챙기고 서로 짐 꾸리는 것을 도와준 뒤 작별을 고했다.

간단한 대화의 경우 사람들은 충분히 필요한 양만큼 물건들을 주머니 속에 넣거나 겨드랑이에 끼고 다닐 수 있었다. 또 집에 있을 때에도 전혀 당황해 할 필요가 없었다. 이러한 대화 기법을 실행하는 사람들이 만나는 방은 그런 인위적인 대화의 소재들로 쓰일 모든 물건들이 사용하기 편하게 미리 구비되어 있었다.

이 창의적인 발상이 지닌 또 하나의 큰 장점은 이 언어가 모든 문명국가에서 이해될 수 있는 국제어로 사용될 수 있다는 것이었다. 모든 나라의 물건들과 집기들은 대개 같은 종류이고 서로 닮아서 그 효용 가치가 쉽게 이해될 수 있다. 따라서 외교 사절들이 전혀 언어를 모르는 나라에 가서도 그 나라의 군주나 각료와 면담할 자격이 생길 수 있다는 것이다.

– 조나단 스위프트/류경희 역, 2003: 333-335

부록

한글 맞춤법

국어의 로마자 표기법

한글 맞춤법

제1장 총칙

제1항 한글 맞춤법은 표준어를 소리대로 적되, 어법에 맞도록 함을 원칙으로 한다.

제2항 문장의 각 단어는 띄어 씀을 원칙으로 한다.

제3항 외래어는 '외래어 표기법'에 따라 적는다.

제2장 자모

제4항 한글 자모의 수는 스물넉 자로 하고, 그 순서와 이름은 다음과 같이 정한다.

ㄱ(기역) ㄴ(니은) ㄷ(디귿) ㄹ(리을) ㅁ(미음) ㅂ(비읍)
ㅅ(시옷) ㅇ(이응) ㅈ(지읒) ㅊ(치읓) ㅋ(키읔) ㅌ(티읕)
ㅍ(피읖) ㅎ(히읗)
ㅏ(아) ㅑ(야) ㅓ(어) ㅕ(여) ㅗ(오) ㅛ(요)
ㅜ(우) ㅠ(유) ㅡ(으) ㅣ(이)

[붙임 1] 위의 자모로써 적을 수 없는 소리는 두 개 이상의 자모를 어울러서 적되, 그 순서와 이름은 다음과 같이 정한다.

ㄲ(쌍기역) ㄸ(쌍디귿) ㅃ(쌍비읍) ㅆ(쌍시옷) ㅉ(쌍지읒)
ㅐ(애) ㅒ(얘) ㅔ(에) ㅖ(예) ㅘ(와) ㅙ(왜)
ㅚ(외) ㅝ(워) ㅞ(웨) ㅟ(위) ㅢ(의)

[붙임 2] 사전에 올릴 적의 자모 순서는 다음과 같이 정한다.

자음 ㄱ ㄲ ㄴ ㄷ ㄸ ㄹ ㅁ ㅂ ㅃ ㅅ ㅆ ㅇ ㅈ ㅉ
ㅊ ㅋ ㅌ ㅍ ㅎ
모음 ㅏ ㅐ ㅑ ㅒ ㅓ ㅔ ㅕ ㅖ ㅗ ㅘ
ㅙ ㅚ ㅛ ㅜ ㅝ ㅞ ㅟ ㅠ ㅡ ㅢ
ㅣ

제3장 소리에 관한 것

제1절 된소리

제5항 한 단어 안에서 뚜렷한 까닭 없이 나는 된소리는 다음 음절의 첫소리를 된소리로 적는다.

1. 두 모음 사이에서 나는 된소리

   소쩍새   어깨   오빠   으뜸
   아끼다   기쁘다   깨끗하다 어떠하다
   해쓱하다   가끔   거꾸로   부썩
   어찌   이따금

2. 'ㄴ, ㄹ, ㅁ, ㅇ' 받침 뒤에서 나는 된소리

   산뜻하다   잔뜩   살짝   훨씬
   담뿍   움찔   몽땅   엉뚱하다

   다만, 'ㄱ, ㅂ' 받침 뒤에서 나는 된소리는, 같은 음절이나 비슷한 음절이 겹쳐 나는 경우가 아니면 된소리로 적지 아니한다.

   국수   깍두기   딱지   색시
   싹둑(~싹둑) 법석   갑자기   몹시

제2절 구개음화

제6항 'ㄷ, ㅌ' 받침 뒤에 종속적 관계를 가진 '-이(-)'나 '-히-'가 올적에는 그 'ㄷ, ㅌ'이 'ㅈ, ㅊ'으로 소리나더라도 'ㄷ, ㅌ'으로 적는다(ㄱ을 취하고 ㄴ을 버림).

ㄱ	ㄴ	ㄱ	ㄴ
맏이	마지	핥이다	할치다
해돋이	해도지	걷히다	거치다
굳이	구지	닫히다	다치다
같이	가치	묻히다	무치다
끝이	끄치		

제3절 'ㄷ' 소리 받침

제7항 'ㄷ' 소리로 나는 받침 중에서 'ㄷ'으로 적을 근거가 없는 것은 'ㅅ'으로 적는다

덧저고리   돗자리   잇셈   웃어른   핫옷
무릇   사뭇   얼핏   자칫하면 뭇(衆)
옛   첫   헛

제4절 모음

제8항 '계, 례, 몌, 폐, 혜'의 'ㅖ'는 'ㅔ'로 소리나는 경우가 있더라도 'ㅖ'로 적는다
(ㄱ을 취하고, ㄴ을 버림).

ㄱ	ㄴ	ㄱ	ㄴ
계수(桂樹)	게수	혜택(惠澤)	헤택
사례(謝禮)	사레	계집	게집
연몌(連袂)	연메	핑계	핑게
폐품(廢品)	페품	계시다	게시다

다만, 다음 말은 본음대로 적는다.

게송(偈頌)   게시판(揭示板)   휴게실(休憩室)

제9항 '의'나, 자음을 첫소리로 가지고 있는 음절의 'ㅢ'는 'ㅣ'로 소리가 나는 경우가 있더라도 'ㅢ'로 적는다(ㄱ을 취하고, ㄴ을 버림).

ㄱ	ㄴ	ㄱ	ㄴ
의의(意義)	의이	닁큼	닁큼
본의(本義)	본이	띄어쓰기	띄어쓰기
무늬[紋]	무니	씌어	씨어
보늬	보니	틔어	티어
오늬	오니	희망(希望)	히망
하늬바람	하니바람	희다	히다
늴리리	닐리리	유희(遊戱)	유히

제5절 두음 법칙

제10항 한자음 '녀, 뇨, 뉴, 니'가 단어 첫머리에 올 적에는 두음 법칙에 따라 '여, 요, 유, 이'로 적는다(ㄱ을 취하고, ㄴ을 버림).

ㄱ	ㄴ	ㄱ	ㄴ
여자(女子)	녀자	유대(紐帶)	뉴대
연세(年歲)	년세	이토(泥土)	니토
요소(尿素)	뇨소	익명(匿名)	닉명

다만, 다음과 같이 의존 명사에서는 '냐, 녀' 음을 인정한다.

냥(兩)   냥쭝(兩-)   년(年)(몇 년)

[붙임 1] 단어의 첫머리 이외의 경우에는 본음대로 적는다.

남녀(男女)   당뇨(糖尿)   결뉴(結紐)   은닉(隱匿)

[붙임 2] 접두사처럼 쓰이는 한자가 붙어서 된 말이나 합성어에서, 뒷말의 첫소리가 'ㄴ' 소리로 나더라도 두음법칙에 따라 적는다.

신여성(新女性)   공염불(空念佛)   남존여비(男尊女卑)

[붙임 3] 둘 이상의 단어로 이루어진 고유 명사를 붙여 쓰는 경우에도 [붙임 2]에 준하여 적는다.

한국여자대학   대한요소비료회사

제11항 한자음 '랴, 려, 레, 료, 류, 리'가 단어의 첫머리에 올 적에는 두음법칙에 따라 '야, 여, 예, 요, 유, 이'로 적는다(ㄱ을 취하고, ㄴ을 버림).

ㄱ	ㄴ	ㄱ	ㄴ
양심(良心)	량심	용궁(龍宮)	룡궁
역사(歷史)	력사	유행(流行)	류행
예의(禮儀)	례의	이발(理髮)	리발

다만, 다음과 같은 의존 명사는 본음대로 적는다.

리(里): 몇 리냐?

리(理): 그럴 리가 없다.

[붙임 1] 단어의 첫머리 이외의 경우에는 본음대로 적는다.

개량(改良)   선량(善良)   수력(水力)   협력(協力)
사례(謝禮)   혼례(婚禮)   와룡(臥龍)   쌍룡(雙龍)
하류(下流)   급류(急流)   도리(道理)   진리(眞理)

다만, 모음이나 'ㄴ' 받침 뒤에 이어지는 '렬, 률'은 '열, 율'로 적는다(ㄱ을 취하고, ㄴ을 버림).

ㄱ	ㄴ	ㄱ	ㄴ
나열(羅列)	나렬	분열(分裂)	분렬
치열(齒列)	치렬	선열(先烈)	선렬
비열(卑劣)	비렬	진열(陳列)	진렬
규율(規律)	규률	선율(旋律)	선률
비율(比率)	비률	전율(戰慄)	전률
실패율(失敗率)	실패률	백분율(百分率)	백분률

[붙임 2] 외자로 된 이름을 성에 붙여 쓸 경우에도 본음대로 적을 수 있다.

신립(申砬)　　최린(崔麟)　　채륜(蔡倫)　　하륜(河崙)

[붙임 3] 준말에서 본음으로 소리나는 것은 본음대로 적는다.

국련(국제연합)　　대한교련(대한교육연합회)

[붙임 4] 접두사처럼 쓰이는 한자가 붙어서 된 말이나 합성어에서 뒷말의 첫소리가 'ㄴ' 또는 'ㄹ' 소리로 나더라도 두음 법칙에 따라 적는다.

역이용(逆利用)　　연이율(年利率)　　열역학(熱力學)　　해외여행(海外旅行)

[붙임 5] 둘 이상의 단어로 이루어진 고유명사를 붙여 쓰는 경우나 십진법에 따라 쓰는 수(數)도 [붙임 4]에 준하여 적는다.

서울여관　　신흥이발관　　육천육백육십육(六千六百六十六)

제12항 한자음 '라, 래, 로, 뢰, 루, 르'가 단어의 첫머리에 올 적에는 두음법칙에 따라 '나, 내, 노, 뇌, 누, 느'로 적는다(ㄱ을 취하고, ㄴ을 버림).

ㄱ	ㄴ	ㄱ	ㄴ
낙원(樂園)	락원	뇌성(雷聲)	뢰성
내일(來日)	래일	누각(樓閣)	루각
노인(老人)	로인	능묘(陵墓)	릉묘

[붙임 1] 단어의 첫머리 이외의 경우에는 본음대로 적는다.

쾌락(快樂)　　극락(極樂)　　거래(去來)
왕래(往來)　　부로(父老)　　연로(年老)
지뢰(地雷)　　낙뢰(落雷)　　고루(高樓)
광한루(廣寒樓)　　가정란(家庭欄)　　동구릉(東九陵)

[붙임 2] 접두사처럼 쓰이는 한자가 붙어서 된 단어는 뒷말을 두음 법칙에 따라

적는다.

내내월(來來月)　　　상노인(上老人)

중노동(重勞動)　　　비논리적(非論理的)

제6절 겹쳐 나는 소리

제13항 한 단어 안에서 같은 음절이나 비슷한 음절이 겹쳐 나는 부분은 같은 글자로 적는다(ㄱ을 취하고, ㄴ을 버림).

ㄱ	ㄴ	ㄱ	ㄴ
딱딱	딱닥	꼿꼿하다	꼿곳하다
쌕쌕	쌕색	놀놀하다	놀롤하다
씩씩	씩식	눅눅하다	눅눅하다
똑딱똑딱	똑딱똑딱	밋밋하다	밋밋하다
쓱싹쓱싹	쓱싹쓱싹	싹싹하다	싹삭하다
연연불망(戀戀不忘)	연련불망	쌉쌀하다	쌉살하다
유유상종(類類相從)	유류상종	씁쓸하다	씁슬하다
누누이(屢屢-)	누루이	짭짤하다	짭잘하다

제4장 형태에 관한 것

제1절 체언과 조사

제14항 체언은 조사와 구별하여 적는다.

떡이	떡을	떡에	떡도	떡만
손이	손을	손에	손도	손만
팔이	팔을	팔에	팔도	팔만
밤이	밤을	밤에	밤도	밤만
집이	집을	집에	집도	집만
옷이	옷을	옷에	옷도	옷만
콩이	콩을	콩에	콩도	콩만
낮이	낮을	낮에	낮도	낮만
꽃이	꽃을	꽃에	꽃도	꽃만

밭이	밭을	밭에	밭도	밭만
앞이	앞을	앞에	앞도	앞만
밖이	밖을	밖에	밖도	밖만
넋이	넋을	넋에	넋도	넋만
흙이	흙을	흙에	흙도	흙만
삶이	삶을	삶에	삶도	삶만
여덟이	여덟을	여덟에	여덟도	여덟만
곬이	곬을	곬에	곬도	곬만
값이	값을	값에	값도	값만

제2절 어간과 어미

제15항 용언의 어간과 어미는 구별하여 적는다.

먹다	먹고	먹어	먹으니
신다	신고	신어	신으니
믿다	믿고	믿어	믿으니
울다	울고	울어	(우니)
넘다	넘고	넘어	넘으니
입다	입고	입어	입으니
웃다	웃고	웃어	웃으니
찾다	찾고	찾아	찾으니
좇다	좇고	좇아	좇으니
같다	같고	같아	같으니
높다	높고	높아	높으니
좋다	좋고	좋아	좋으니
깎다	깎고	깎아	깎으니
앉다	앉고	앉아	앉으니
많다	많고	많아	많으니
늙다	늙고	늙어	늙으니
젊다	젊고	젊어	젊으니

넓다	넓고	넓어	넓으니
훑다	훑고	훑어	훑으니
읊다	읊고	읊어	읊으니
옳다	옳고	옳아	옳으니
없다	없고	없어	없으니
있다	있고	있어	있으니

[붙임 1] 두 개의 용언이 어울려 한 개의 용언이 될 적에, 앞말의 본뜻이 유지되고 있는 것은 그 원형을 밝히어 적고, 그 본뜻에서 멀어진 것은 밝히어 적지 아니한다.

(1) 앞말의 본뜻이 유지되고 있는 것

넘어지다	늘어나다	늘어지다	돌아가다
되짚어가다	들어가다	떨어지다	벌어지다
엎어지다	접어들다	틀어지다	흩어지다

(2) 본뜻에서 멀어진 것

드러나다   사라지다   쓰러지다

[붙임 2] 종결형에서 사용되는 어미 '-오'는 '요'로 소리나는 경우가 있더라도 그 원형을 밝혀 '오'로 적는다(ㄱ을 취하고, ㄴ을 버림).

ㄱ	ㄴ
이것이 책이오.	이것은 책이요.
이리로 오시오.	이리로 오시요.
이것은 책이 아니오.	이것은 책이 아니요.

[붙임 3] 연결형에서 사용되는 '이요'는 '이요'로 적는다(ㄱ을 취하고, ㄴ을 버림).

ㄱ	ㄴ
이것은 책이요, 저것은 붓이요, 또 저것은 먹이다.	이것은 책이오, 저것은 붓이오, 또 저것은 먹이다.

제16항 어간의 끝 음절 모음이 'ㅏ, ㅗ'일 적에는 어미를 '-아'로 적고, 그 밖의 모음일 적에는 '-어'로 적는다.

1. '-아'로 적는 경우

나아   나아도   나아서

         막아   막아도   막아서
         얇아   얇아도   얇아서
         돌아   돌아도   돌아서
         보아   보아도   보아서
    2. '-어'로 적는 경우
         개어   개어도   개어서
         겪어   겪어도   겪어서
         되어   되어도   되어서
         베어   베어도   베어서
         쉬어   쉬어도   쉬어서
         저어   저어도   저어서
         주어   주어도   주어서
         피어   피어도   피어서
         희어   희어도   희어서

제17항 어미 뒤에 덧붙는 조사 '-요'는 '-요'로 적는다.
    읽어   읽어요
    참으리   참으리요
    좋지   좋지요

제18항 다음과 같은 용언들은 어미가 바뀔 경우, 그 어간이나 어미가 원칙에 벗어나면 벗어나는 대로 적는다.
    1. 어간의 끝 'ㄹ'이 줄어질 적
         갈다 :   가니   간   갑니다   가시다   가오
         놀다 :   노니   논   놉니다   노시다   노오
         불다 :   부니   분   붑니다   부시다   부오
         둥글다 : 둥그니   둥근   둥급니다   둥그시다   둥그오
         어질다 : 어지니   어진   어집니다   어지시다   어지오
    [붙임] 다음과 같은 말에서도 'ㄹ'이 준 대로 적는다.
         마지못하다   마지않다   (하)다마다   (하)자마자
         (하)지 마라   (하)지 마(아)

2. 어간의 끝 'ㅅ'이 줄어질 적

　　긋다 :　그어　　그으니　　그었다
　　낫다 :　나아　　나으니　　나았다
　　잇다 :　이어　　이으니　　이었다
　　짓다 :　지어　　지으니　　지었다

3. 어간의 끝 'ㅎ'이 줄어질 적

　　그렇다 :　　그러니　　그럴　　그러면　　그럽니다　　그러오
　　까맣다 :　　까마니　　까말　　까마면　　까맙니다　　까마오
　　동그랗다 :　동그라니　동그랄　동그라면　도그랍니다　동그라오
　　퍼렇다 :　　퍼러니　　퍼럴　　퍼러면　　퍼럽니다　　퍼러오
　　하얗다 :　　하야니　　하얄　　하야면　　하얍니다　　하야오

4. 어간의 끝 'ㅜ, ㅡ'가 줄어질 적

　　푸다 :　　퍼　　　펐다
　　끄다 :　　꺼　　　껐다
　　담그다 :　담가　　담갔다
　　따르다 :　따라　　따랐다
　　뜨다 :　　떠　　　떴다
　　크다 :　　커　　　컸다
　　고프다 :　고파　　고팠다
　　바쁘다 :　바빠　　바빴다

5. 어간의 끝 'ㄷ'이 'ㄹ'로 바뀔 적

　　걷다[步] :　걸어　　걸으니　　걸었다
　　듣다[聽] :　들어　　들으니　　들었다
　　묻다[問] :　물어　　물으니　　물었다
　　싣다[載] :　실어　　실으니　　실었다

6. 어간의 끝 'ㅂ'이 'ㅜ'로 바뀔 적

　　깁다 :　　기워　　기우니　　기웠다
　　굽다[炙] :　구워　　구우니　　구웠다
　　가깝다 :　가까워　가까우니　가까웠다

괴롭다 :	괴로워	괴로우니	괴로웠다
맵다 :	매워	매우니	매웠다
무겁다 :	무거워	무거우니	무거웠다
밉다 :	미워	미우니	미웠다
쉽다 :	쉬워	쉬우니	쉬웠다

다만 '돕-, 곱-'과 같은 단음절 어간에 어미 '-아'가 결합되어 '와'로 소리나는 것은 '-와'로 적는다.

돕다[助] :	도와	도와서	도와도	도왔다
곱다[麗] :	고와	고와서	고와도	고왔다

7. '하다'의 활용에서 어미 '-아'가 '-여'로 바뀔 적

하다 :	하여	하여서	하여도	하여라	하였다

8. 어간의 끝 음절 '르' 뒤에 오는 어미 '-어'가 '-러'로 바뀔 적

이르다[至] :	이르러	이르렀다
노르다 :	노르러	노르렀다
누르다 :	누르러	누르렀다
푸르다 :	푸르러	푸르렀다

9. 어간의 끝 음절 '르'의 'ㅡ'가 줄고, 그 뒤에 오는 어미 '-아/-어'가 '-라/-러'로 바뀔 적

가르다 :	갈라	갈랐다
거르다 :	걸러	걸렀다
구르다 :	굴러	굴렀다
벼르다 :	별러	별렀다
부르다 :	불러	불렀다
오르다 :	올라	올랐다
이르다 :	일러	일렀다
지르다 :	질러	질렀다

제3절 접미사가 붙어서 된 말

제19항 어간에 '-이'나 '-음/-ㅁ'이 붙어서 명사로 된 것과 '-이'나 '-히'가 붙어서

부사로 된 것은 그 어간의 원형을 밝히어 적는다.

1. '-이'가 붙어서 명사로 된 것

   길이   깊이   높이   다듬이   땀받이
   달맞이   먹이   미닫이   벌이   벼훑이
   살림살이   쇠붙이

2. '-음/-ㅁ'이 붙어서 명사로 된 것

   걸음   묶음   믿음   얼음   엮음
   울음   웃음   졸음   죽음   앎   만듦

3. '-이'가 붙어서 부사로 된 것

   같이   굳이   길이   높이   많이
   실없이   좋이   짓궂이

4. '-히'가 붙어서 부사로 된 것

   밝히   익히   작히

다만, 어간에 '-이'나 '-음'이 붙어서 명사로 바뀐 것이라도 그 어간의 뜻과 멀어진 것은 그 원형을 밝히어 적지 아니한다.

   굽도리   다리[髢]   목거리(목병)   무녀리
   코끼리   거름(비료)   고름[膿]   노름(도박)

[붙임] 어간에 '-이'나 '음' 이외의 모음으로 시작된 접미사가 붙어서 다른 품사로 바뀐 것은 그 어간의 원형을 밝히어 적지 아니한다.

(1) 명사로 바뀐 것

   귀머거리   까마귀   너머   뜨더귀   마감
   마개   마중   무덤   비렁뱅이   쓰레기
   올가미   주검

(2) 부사로 바뀐 것

   거뭇거뭇   너무   도로   뜨덤뜨덤   바투
   불긋불긋   비로소   오긋오긋   자주   차마

(3) 조사로 바뀌어 뜻이 달라진 것

   나마   부터   조차

제20항 명사 뒤에 '-이'가 붙어서 된 말은 그 명사의 원형을 밝히어 적는다.

1. 부사로 된 것

   곳곳이   낱낱이   몫몫이   샅샅이

   앞앞이   집집이

2. 명사로 된 것

   곰배팔이   바둑이   삼발이   애꾸눈이

   육손이   절뚝발이/절름발이

[붙임] '-이' 이외의 모음으로 시작된 접미사가 붙어서 된 말은 그 명사의 원형을 밝히어 적지 아니한다.

꼬락서니   끄트머리   모가치   바가치

바깥   사타구니   싸라기   이파리

지붕   지푸라기   짜개

제21항 명사나 혹은 용언의 어간 뒤에 자음으로 시작된 접미사가 붙어서 된 말은 그 명사나 어간의 원형을 밝히어 적는다.

1. 명사 뒤에 자음으로 시작된 접미사가 붙어서 된 것

   값지다   홑지다   넋두리   빛깔

   옆댕이   잎사귀

2. 어간 뒤에 자음으로 시작된 접미사가 붙어서 된 것

   낚시   늙정이   덮개   뜯게질

   갉작갉작하다   갉작거리다   뜯적거리다

   뜯적뜯적하다   굵다랗다   굵직하다

   깊숙하다   넓적하다   높다랗다

   늙수그레하다   얽죽얽죽하다

   다만, 다음과 같은 말은 소리대로 적는다.

   (1) 겹받침의 끝소리가 드러나지 아니하는 것

       할짝거리다   널따랗다   널찍하다   말끔하다

       말쑥하다   말짱하다   실쭉하다   실큼하다

       얄따랗다   얄팍하다   짤따랗다   짤막하다

       실컷

   (2) 어원이 분명하지 아니하거나 본뜻에서 멀어진 것

　　　　넙치　　올무　　골막하다　　납작하다

제22항 용언의 어간에 다음과 같은 접미사들이 붙어서 이루어진 말들은 그 어간을 밝히어 적는다.

1. '-기-, -리-, -이-, -히-, -구-, -우-, -추-, -으키-, -이키-, -애-'가 붙는 것

맡기다	옮기다	웃기다	쫓기다
뚫리다	울리다	낚이다	쌓이다
핥이다	굳히다	굽히다	넓히다
앉히다	얽히다	잡히다	돋구다
솟구다	돋우다	갖추다	곧추다
맞추다	일으키다	돌이키다	없애다

다만, '-이-, -히-, -우-'가 붙어서 된 말이라도 본뜻에서 멀어진 것은 소리대로 적는다.

도리다(칼로 ~)	드리다(용돈을 ~)	고치다
바치다(세금을 ~)	부치다(편지를 ~)	거두다
미루다	이루다	

2. '-치-, -뜨리-, -트리-'가 붙는 것

놓치다	덮치다	떠받치다	받치다
밭치다	부딪치다	뻗치다	엎치다
부딪뜨리다/부딪트리다		쏟뜨리다/쏟트리다	
젖뜨리다/젖트리다		찢뜨리다/찢트리다	
흩뜨리다/흩트리다			

[붙임] '-업-, -읍-, -브-'가 붙어서 된 말은 소리대로 적는다.

　　　　미덥다　　우습다　　미쁘다

제23항 '-하다'나 '-거리다'가 붙는 어근에 '-이'가 붙어서 명사가 된 것은 그 원형을 밝히어 적는다(ㄱ을 취하고 ㄴ을 버림).

ㄱ	ㄴ	ㄱ	ㄴ
깔쭉이	깔쭈기	살살이	살살이
꿀꿀이	꿀구리	쌕쌕이	쌕쌔기

눈깜짝이	눈깜짜기	오뚝이	오뚜기
더펄이	더퍼리	코납작이	코납자기
배불뚝이	배불뚜기	푹석이	푸서기
삐죽이	삐주기	홀쭉이	홀쭈기

[붙임] '-하다'나 '-거리다'가 붙을 수 없는 어근에 '-이'나 또는 다른 모음으로 시작되는 접미사가 붙어서 명사가 된 것은 그 원형을 밝히어 적지 아니한다.

개구리	귀뚜라미	기러기	깍두기
꽹과리	날라리	누더기	동그라미
두드러기	딱따구리	매미	부스러기
뻐꾸기	얼루기	칼싹두기	

제24항 '-거리다'가 붙을 수 있는 시늉말 어근에 '-이다'가 붙어서 된 용언은 그 어근을 밝히어 적는다(ㄱ을 취하고 ㄴ을 버림).

ㄱ	ㄴ	ㄱ	ㄴ
깜짝이다	깜짜기다	속삭이다	속사기다
꾸벅이다	꾸버기다	숙덕이다	숙더기다
끄덕이다	끄더기다	울먹이다	울머기다
뒤척이다	뒤처기다	움직이다	움지기다
들먹이다	들머기다	지껄이다	지껄이다
망설이다	망서리다	퍼덕이다	퍼더기다
번득이다	번드기다	허덕이다	허더기다
번쩍이다	번쩌기다	헐떡이다	헐떠기다

제25항 '-하다'가 붙는 어근에 '-히'나 '-이'가 붙어서 부사가 되거나, 부사에 '-이'가 붙어서 뜻을 더하는 경우에는 그 어근이나 부사의 원형을 밝히어 적는다.

1. '-하다'가 붙는 어근에 '-히'나 '-이'가 붙는 경우

급히	꾸준히	도저히	딱히
어렴풋이	깨끗이		

[붙임] '-하다'가 붙지 않는 경우에는 반드시 소리대로 적는다

갑자기   반드시(꼭)   슬며시

2. 부사에 '-이'가 붙어서 역시 부사가 되는 경우

곰곰이　　더욱　　생긋이　　오뚝이
일찍이　　해죽이

제26항 '-하다'나 '-없다'가 붙어서 된 용언은 그 '-하다'나 '없다'를 밝히어 적는다.

    1. '-하다'가 붙어서 용언이 된 것

        딱하다　　숱하다　　착하다　　텁텁하다　　푹하다

    2. '-없다'가 붙어서 용언이 된 것

        부질없다　　상없다　　시름없다　　열없다　　하염없다

제4절 합성어 및 접두사가 붙은 말

제27항 둘 이상의 단어가 어울리거나 접두사가 붙어서 이루어진 말은 각각 그 원형을 밝히어 적는다.

국말이	꺾꽂이	꽃잎	끝장	물난리
밑천	부엌일	싫증	옷안	웃옷
젖몸살	첫아들	칼날	팥알	헛웃음
홀아비	홀어멈	흙내		
값없다	겉늙다	굶주리다	낮잡다	맞먹다
받내다	벋놓다	빗나가다	빛나다	새파랗다
샛노랗다	시꺼멓다	싯누렇다	엇나가다	엎누르다
엿듣다	옻오르다	짓이기다	헛되다	

[붙임 1] 어원은 분명하나 소리만 특이하게 변한 것은 변한 대로 적는다.

    할아버지　　할아범

[붙임 2] 어원이 분명하지 아니한 것은 원형을 밝히어 적지 아니한다.

    골병　　골탕　　끌탕　　며칠　　아재비
    오라비　　업신여기다　　부리나케

[붙임 3] '이[齒, 虱]'가 합성어나 이에 준하는 말에서 '니' 또는 '리'로 소리날 때에는 '니'로 적는다.

간니	덧니	사랑니	송곳니	앞니
어금니	윗니	젖니	톱니	틀니
가랑니	머릿니			

제28항 끝소리가 'ㄹ'인 말과 딴 말이 어울릴 적에 'ㄹ' 소리가 나지 아니하는 것은 아니 나는 대로 적는다.

   다달이(달-달-이) 따님(딸-님) 마되(말-되)
   마소(말-소) 무자위(물-자위) 바느질(바늘-질)
   부나비(불-나비) 부삽(불-삽) 부손(불-손)
   소나무(솔-나무) 싸전(쌀-전) 여닫이(열-닫이)
   우짖다(울-짖다) 화살(활-살)

제29항 끝소리가 'ㄹ'인 말과 딴 말이 어울릴 적에 'ㄹ' 소리가 'ㄷ' 소리로 나는 것은 'ㄷ'으로 적는다.

   반짇고리(바느질~) 사흗날(사흘~) 삼짇날(삼질~)
   섣달(설~) 숟가락(술~) 이튿날(이틀~)
   잗주름(잘~) 푿소(풀~) 섣부르다(설~)
   잗다듬다(잘~) 잗다랗다(잘~)

제30항 사이시옷은 다음과 같은 경우에 받치어 적는다.

 1. 순 우리말로 된 합성어로서 앞말이 모음으로 끝난 경우
  (1) 뒷말의 첫소리가 된소리로 나는 것
    고랫재 귓밥 나룻배 나뭇가지 냇가
    댓가지 뒷갈망 맷돌 머릿기름 모깃불
    못자리 바닷가 뱃길 볏가리 부싯돌
    선짓국 쇳조각 아랫집 우렁잇속 잇자국
    잿더미 조갯살 찻집 쳇바퀴 킷값
    핏대 햇볕 혓바늘
  (2) 뒷말의 첫소리 'ㄴ, ㅁ' 앞에서 'ㄴ' 소리가 덧나는 것
    멧나물 아랫니 텃마당 아랫마을 뒷머리
    잇몸 깻묵 냇물 빗물
  (3) 뒷말의 첫소리 모음 앞에서 'ㄴㄴ' 소리가 덧나는 것
    도래깻열 뒷윷 두렛일 뒷일 뒷입맛
    베갯잇 욧잇 깻잎 나뭇잎 댓잎
 2. 순 우리말과 한자어로 된 합성어로서 앞말이 모음으로 끝난 경우

(1) 뒷말의 첫소리가 된소리로 나는 것

귓병	머릿방	뱃병	봇둑	사잣밥
샛강	아랫방	자릿세	전셋집	찻잔
찻종	촛국	콧병	탯줄	텃세
핏기	햇수	횟가루	횟배	

(2) 뒷말의 첫소리 'ㄴ, ㅁ' 앞에서 'ㄴ' 소리가 덧나는 것

곗날	제삿날	훗날	툇마루	양칫물

(3) 뒷말의 첫소리 모음 앞에서 'ㄴㄴ' 소리가 덧나는 것

가욋일	사삿일	예삿일	훗일

3. 두 음절로 된 다음 한자어

곳간(庫間)	셋방(貰房)	숫자(數字)
찻간(車間)	툇간(退間)	횟수(回數)

제31항 두 말이 어울릴 적에 'ㅂ' 소리나 'ㅎ' 소리가 덧나는 것은 소리대로 적는다.

1. 'ㅂ' 소리가 덧나는 것

댑싸리(대ㅂ싸리)	멥쌀(메ㅂ쌀)	볍씨(벼ㅂ씨)
입때(이ㅂ때)	입쌀(이ㅂ쌀)	접때(저ㅂ때)
좁쌀(조ㅂ쌀)		

2. 'ㅎ' 소리가 덧나는 것

머리카락(머리ㅎ가락)	살코기(살ㅎ고기)	
수캐(수ㅎ개)	수컷(수ㅎ것)	수탉(수ㅎ닭)
안팎(안ㅎ밖)	암캐(암ㅎ개)	암컷(암ㅎ것)
암탉(암ㅎ닭)		

제5절 준말

제32항 단어의 끝모음이 줄어지고 자음만 남은 것은 그 앞의 음절에 받침으로 적는다.

본말	준말	본말	준말
기러기야	기럭아	온가지	온갖
어제그저께	엊그저께	가지고, 가지지	갖고, 갖지
어제저녁	엊저녁	디디고, 디디지	딛고, 딛지

제33항 체언과 조사가 어울려 줄어지는 경우에는 준 대로 적는다.

본말	준말	본말	준말
그것은	그건	너는	넌
그것이	그게	너를	널
그것으로	그걸로	무엇을	뭣을/무얼/뭘
나는	난	무엇이	뭣이/무에
나를	날		

제34항 모음 'ㅏ, ㅓ'로 끝난 어간에 '-아/-어, -았-/-었-'이 어울릴 적에는 준 대로 적는다.

본말	준말	본말	준말
가아	가	가았다	갔다
나아	나	나았다	났다
타아	타	타았다	탔다
서어	서	서었다	섰다
켜어	켜	켜었다	켰다
펴어	펴	펴었다	폈다

[붙임 1] 'ㅐ, ㅔ' 뒤에 '-어, -었-'이 어울려 줄 적에는 준 대로 적는다.

본말	준말	본말	준말
개어	개	개었다	갰다
내어	내	내었다	냈다
베어	베	베었다	벴다
세어	세	세었다	셌다

[붙임 2] '하여'가 한 음절로 줄어서 '해'로 될 적에는 준 대로 적는다.

본말	준말	본말	준말
하여	해	하였다	했다
더하여	더해	더하였다	더했다
흔하여	흔해	흔하였다	흔했다

제35항 모음 'ㅗ, ㅜ'로 끝난 어간에 '-아/-어, -았-/-었-'이 어울려 'ㅘ/ㅝ, 왔/웠'으로 될 때에는 준 대로 적는다.

본말	준말	본말	준말
꼬아	꽈	꼬았다	꽜다
보아	봐	보았다	봤다
쏘아	쏴	쏘았다	쐈다
두어	둬	두었다	뒀다
쑤어	쒀	쑤었다	쒔다
주어	줘	주었다	줬다

[붙임 1] '놓아'가 '놔'로 줄 적에는 준 대로 적는다.

[붙임 2] 'ㅚ' 뒤에 '-어, -었-'이 어울려 'ㅙ, ㅙㅆ'으로 될 적에도 준 대로 적는다.

본말	준말	본말	준말
괴어	괘	괴었다	괬다
되어	돼	되었다	됐다
뵈어	봬	뵈었다	뵀다
쇠어	쇄	쇠었다	쇘다
쐬어	쐐	쐬었다	쐤다

제36항 'ㅣ' 뒤에 '-어'가 와서 'ㅕ'로 줄 적에는 준 대로 적는다.

본말	준말	본말	준말
가지어	가져	가지었다	가졌다
견디어	견뎌	견디었다	견뎠다
다니어	다녀	다니었다	다녔다
막히어	막혀	막히었다	막혔다
버티어	버텨	버티었다	버텼다
치이어	치여	치이었다	치였다

제37항 'ㅏ, ㅕ, ㅗ, ㅜ, ㅡ'로 끝난 어간에 '-이-'가 와서 각각 'ㅐ, ㅖ, ㅚ, ㅟ, ㅢ'로 줄 적에는 준 대로 적는다.

본말	준말	본말	준말
싸이다	쌔다	누이다	뉘다
펴이다	폐다	뜨이다	띄다
보이다	뵈다	쓰이다	씌다

제38항 'ㅏ, ㅗ, ㅜ, ㅡ' 뒤에 '-이어'가 어울려 줄어질 적에는 준 대로 적는다.

본말	준말	본말	준말
싸이어	쌔여	싸여	뜨이어	띄어
보이어	뵈어	보여	쓰이어	씌어	쓰여
쏘이어	쐬어	쏘여	트이어	틔어	트여
누이어	뉘어	누여			

제39항 어미 '-지' 뒤에 '않-'이 어울려 '-잖-'이 될 적과 '-하지' 뒤에 '않-'이 어울려 '찮-'이 될 적에는 준 대로 적는다.

본말	준말	본말	준말
그렇지 않은	그렇잖은	만만하지 않다	만만찮다
적지 않은	적잖은	변변하지 않다	변변찮다

제40항 어간의 끝음절 '하'의 'ㅏ'가 줄고 'ㅎ'이 다음 음절의 첫소리와 어울려 거센소리로 될 적에는 거센소리로 적는다.

본말	준말	본말	준말
간편하게	간편케	다정하다	다정타
연구하도록	연구토록	정결하다	정결타
가하다	가타	흔하다	흔타

[붙임 1] 'ㅎ'이 어간의 끝소리로 굳어진 것은 받침으로 적는다.

않다	않고	않지	않든지
그렇다	그렇고	그렇지	그렇든지
아무렇다	아무렇고	아무렇지	아무렇든지
어떻다	어떻고	어떻지	어떻든지
이렇다	이렇고	이렇지	이렇든지
저렇다	저렇고	저렇지	저렇든지

[붙임 2] 어간의 끝음절 '하'가 아주 줄 적에는 준 대로 적는다.

본말	준말
거북하지	거북지
생각하건대	생각건대
생각하다 못해	생각다 못해

깨끗하지 않다	깨끗지 않다
넉넉하지 않다	넉넉지 않다
못하지 않다	못지않다
섭섭하지 않다	섭섭지 않다
익숙하지 않다	익숙지 않다

[붙임 3] 다음과 같은 부사는 소리대로 적는다.

결단코	결코	기필코	무심코
아무튼	요컨대	정녕코	필연코
하마터면	하여튼	한사코	

제5장 띄어쓰기

제1절 조사

제41항 조사는 그 앞말에 붙여 쓴다.

꽃이	꽃마저	꽃밖에	꽃에서부터
꽃으로만	꽃이나마	꽃이다	꽃입니다
꽃처럼	어디까지나	거기도	멀리는
웃고만			

제2절 의존 명사, 단위를 나타내는 명사 및 열거하는 말 등

제42항 의존 명사는 띄어 쓴다.

아는 것이 힘이다.	나도 할 수 있다.
먹을 만큼 먹어라.	아는 이를 만났다.
네가 뜻한 바를 알겠다.	그가 떠난 지가 오래다.

제43항 단위를 나타내는 명사는 띄어 쓴다.

한 개	차 한 대	금 서 돈	소 한 마리
옷 한 벌	열 살	조기 한 손	연필 한 자루
버선 한 죽	집 한 채	신 두 켤레	북어 한 쾌

다만, 순서를 나타내는 경우나 숫자와 어울리어 쓰이는 경우에는 붙여 쓸 수 있다.

　　　　　두시 삼십분 오초　　　제일과　　　삼학년　　　육층
　　　　1446년 10월 9일　　　2대대　　　16동 502호
　　　　제 1 실습실　　　　80원 10개　　7미터

제44항 수를 적을 적에는 '만(萬)' 단위로 띄어 쓴다.

　　　십이억 삼천사백오십육만 칠천팔백구십팔
　　　12억 3456만 7898

제45항 두 말을 이어 주거나 열거할 적에 쓰이는 다음의 말들은 띄어 쓴다.

　　　국장 겸 과장　　　　　열 내지 스물
　　　청군 대 백군　　　　　책상, 걸상 등이 있다.
　　　이사장 및 이사들　　　사과, 배, 귤 등등
　　　사과, 배 등속　　　　　부산, 광주 등지

제46항 단음절로 된 단어가 연이어 나타날 적에는 붙여 쓸 수 있다.

　　　그때 그곳　　좀더 큰것　　이말 저말　　한잎 두잎

제3절 보조 용언

제47항 보조 용언은 띄어 씀을 원칙으로 하되, 경우에 따라 붙여 씀도 허용한다(ㄱ을 취하고 ㄴ을 버림).

ㄱ	ㄴ
불이 꺼져 간다.	불이 꺼져간다.
내 힘으로 막아 낸다.	내 힘으로 막아낸다.
어머니를 도와 드린다.	어머니를 도와드린다.
그릇을 깨뜨려 버렸다.	그릇을 깨뜨려버렸다.
비가 올 듯하다.	비가 올듯하다.
그 일은 할 만하다.	그 일은 할만하다.
일이 될 법하다.	일이 될법하다.
비가 올 성싶다.	비가 올성싶다.
잘 아는 척한다.	잘 아는척한다.

다만, 앞말에 조사가 붙거나 앞말이 합성 동사인 경우, 그리고 중간에 조사가 들어갈 적에는 그 뒤에 오는 보조 용언은 띄어 쓴다.

잘도 놀아만 나는구나!   책을 읽어도 보고…
네가 덤벼들어 보아라.   강물에 떠내려가 버렸다.
그가 올 듯도 하다.   잘난 체를 한다.

제4절 고유 명사 및 전문 용어

제48장 성과 이름, 성과 호 등은 붙여 쓰고, 이에 덧붙는 호칭어, 관직명 등은 띄어 쓴다.

김양수(金良洙)   서화담(徐花潭)   채영신 씨
최치원 선생   박동식 박사   충무공 이순신 장군

다만, 성과 이름, 성과 호를 분명히 구분할 필요가 있을 경우에는 띄어 쓸 수 있다.

남궁억/남궁 억   독고준/독고 준   황보지봉(皇甫芝峰)/황보 지봉

제49장 성명 이외의 고유명사는 단어별로 띄어 씀을 원칙으로 하되, 단위 별로 띄어 쓸 수 있다

(ㄱ을 원칙으로 하고 ㄴ을 허용함).

ㄱ	ㄴ
대한 중학교	대한중학교
한국 대학교 사범 대학	한국대학교 사범대학

제50장 전문 용어는 단어별로 띄어 씀을 원칙으로 하되, 붙여 쓸 수 있다(ㄱ을 원칙으로 하고 ㄴ을 허용함).

ㄱ	ㄴ
만성 골수성 백혈병	만성골수성백혈병
중거리 탄도 유도탄	중거리탄도유도탄

제6장 그 밖의 것

제51장 부사의 끝음절이 분명히 '이'로만 나는 것은 '-이'로 적고, '히'로만 나거나 '이'나 '히'로 나는 것은 '히-'로 적는다.

1. '이'로만 나는 것

가붓이   깨끗이   나붓이   느긋이   둥긋이

따뜻이	반듯이	버젓이	산뜻이	의젓이
가까이	고이	날카로이	대수로이	번거로이
많이	적이	헛되이	겹겹이	번번이
일일이	집집이	틈틈이		

2. '히'로만 나는 것

극히	급히	딱히	속히	작히
족히	특히	엄격히	정확히	

3. '이, 히'로 나는 것

솔직히	가만히	간편히	나른히	무단히
각별히	소홀히	쓸쓸히	정결히	과감히
꼼꼼히	심히	열심히	급급히	답답히
섭섭히	공평히	능히	당당히	분명히
상당히	조용히	간소히	고요히	도저히

제52항 한자어에서 본음으로도 나고 속음으로도 나는 것은 각각 그 소리에 따라 적는다.

본음으로 나는 것	속음으로 나는 것
승낙(承諾)	수락(受諾), 쾌락(快諾), 허락(許諾)
만난(萬難)	곤란(困難), 논란(論難)
안녕(安寧)	의령(宜寧), 회령(會寧)
분노(忿怒)	대로(大怒), 희로애락(喜怒哀樂)
토론(討論)	의논(議論)
오륙십(五六十)	오뉴월, 유월(六月)
목재(木材)	모과(木瓜)
십일(十日)	시방정토(十方淨土), 시왕(十王), 시월(十月)
팔일(八日)	초파일(初八日)

제53항 다음과 같은 어미는 예사소리로 적는다(ㄱ을 취하고, ㄴ을 버림).

ㄱ	ㄴ	ㄱ	ㄴ
-(으)ㄹ거나	-(으)ㄹ꺼나	-(으)ㄹ지니라	-(으)ㄹ찌니라
-(으)ㄹ걸	-(으)ㄹ껄	-(으)ㄹ지라도	-(으)ㄹ찌라도

-(으)ㄹ게	-(으)ㄹ께	-(으)ㄹ지어다	-(으)ㄹ찌어다
-(으)ㄹ세	-(으)ㄹ쎄	-(으)ㄹ지언정	-(으)ㄹ찌언정
-(으)ㄹ세라	-(으)ㄹ쎄라	-(으)ㄹ진대	-(으)ㄹ찐대
-(으)ㄹ수록	-(으)ㄹ쑤록	-(으)ㄹ진저	-(으)ㄹ찐저
-(으)ㄹ시	-(으)ㄹ씨	-올시다	-올씨다
-(으)ㄹ지	-(으)ㄹ찌		

다만, 의문을 나타내는 다음 어미들은 된소리로 적는다.

-(으)ㄹ까?   -(으)ㄹ꼬?   -(스)ㅂ니까?
-(으)리까?   -(으)ㄹ쏘냐?

제54항 다음과 같은 접미사는 된소리로 적는다(ㄱ을 취하고 ㄴ을 버림).

ㄱ	ㄴ	ㄱ	ㄴ
심부름꾼	심부름군	귀때기	귓대기
익살꾼	익살군	볼때기	볼대기
일꾼	일군	판자때기	판잣대기
장꾼	장군	뒤꿈치	뒷굼치
장난꾼	장난군	팔꿈치	팔굼치
지게꾼	지겟군	이마빼기	이맛배기
때깔	땟갈	코빼기	콧배기
빛깔	빛갈	객쩍다	객적다
성깔	성갈	겸연쩍다	겸연적다

제55항 두 가지로 구별하여 적던 다음 말들은 한 가지로 적는다(ㄱ을 취하고 ㄴ을 버림).

ㄱ	ㄴ
맞추다(입을 맞춘다. 양복을 맞춘다)	마추다
뻗치다(다리를 뻗친다. 멀리 뻗친다)	뼈치다

제56항 '-더라, -던'과 '-든지'는 다음과 같이 적는다.

1. 지난 일을 나타내는 어미는 '-더라, -던'으로 적는다(ㄱ을 취하고 ㄴ을 버림).

ㄱ	ㄴ
지난 겨울은 몹시 춥더라.	지난 겨울은 몹시 춥드라.
깊던 물이 얕아졌다.	깊든 물이 얕아졌다.
그렇게 좋던가?	그렇게 좋든가?
그 사람 말 잘하던데!	그 사람 말 잘 하든데!
얼마나 놀랐던지 몰라.	얼마나 되든지 몰라?

2. 물건이나 일의 내용을 가리지 아니하는 뜻을 나타내는 조사와 어미는 '(-)든지'로 적는다(ㄱ을 취하고 ㄴ을 버림).

ㄱ	ㄴ
배든지 사과든지 마음대로 먹어라.	배던지 사과던지 마음대로 먹어라.
가든지 오든지 마음대로 해라.	가던지 오던지 마음대로 해라.

제57항 다음 말들은 각각 구별하여 적는다.

| 가름 | 둘로 가름 |
| 갈음 | 새 책상으로 갈음하였다. |

| 거름 | 풀을 썩인 거름 |
| 걸음 | 빠른 걸음 |

| 거치다 | 영월을 거쳐 왔다. |
| 걷히다 | 외상값이 잘 걷힌다. |

| 걷잡다 | 걷잡을 수 없는 상태 |
| 겉잡다 | 겉잡아서 이틀 걸릴 일 |

그러므로(그러니까)	그는 부지런하다. 그러므로 잘 산다.
그럼으로(써)	그는 열심히 공부한다. 그럼으로(써)
(그렇게 하는 것으로)	은혜에 보답한다.

| 노름 | 노름판이 벌어졌다. |

놀음(놀이)	즐거운 놀음
느리다	진도가 너무 느리다.
늘이다	고무줄을 늘인다.
늘리다	수출량을 더 늘린다.
다리다	옷을 다린다.
달이다	약을 달인다.
다치다	부주의로 손을 다쳤다.
닫히다	문이 저절로 닫혔다.
닫치다	문을 힘껏 닫쳤다.
마치다	벌써 일을 마쳤다.
맞히다	여러 문제를 더 맞혔다.
목거리	목거리가 덧났다.
목걸이	금 목걸이, 은 목걸이
바치다	나라를 위해 목숨을 바쳤다.
받치다	우산을 받치고 간다.
	책받침을 받친다
받히다	쇠뿔에 받혔다.
밭치다	술을 체에 밭친다.
반드시	약속은 반드시 지켜라.
반듯이	고개를 반듯이 들어라.
부딪치다	차와 차가 마주 부딪쳤다.
부딪히다	마차가 화물차에 부딪혔다.

부치다	힘이 부치는 일이다.
	편지를 부치다.
	논밭을 부친다.
	빈대떡을 부친다.
	식목일에 부치는 글
	회의에 부치는 안건
	인쇄에 부치는 원고
	삼촌 집에 숙식을 부친다.
붙이다	우표를 붙이다.
	책상을 벽에 붙였다.
	흥정을 붙인다.
	불을 붙인다.
	감시원을 붙인다.
	조건을 붙인다.
	취미를 붙인다.
	별명을 붙인다.

| 시키다 | 일을 시킨다. |
| 식히다 | 끓인 물을 식히다. |

아름	세 아름 되는 둘레
알음	전부터 알음이 있는 사이
앎	앎이 힘이다.

| 안치다 | 밥을 안친다. |
| 앉히다 | 윗자리에 앉힌다. |

| 어름 | 경계선 어름에서 일어난 현상 |
| 얼음 | 얼음이 얼었다. |

이따가	이따가 오너라.
있다가	돈은 있다가도 없다.
저리다	다친 다리가 저린다.
절이다	김장 배추를 절인다.
조리다	생선을 조린다. 통조림, 병조림
졸이다	마음을 졸인다.
주리다	여러 날을 주렸다.
줄이다	비용을 줄인다.
하노라고	하노라고 한 것이 이 모양이다.
하느라고	공부하느라고 밤을 새웠다.
-느니보다(어미)	나를 찾아 오느니보다 집에 있거라
-는 이보다(의존 명사)	오는 이가 가는 이보다 많다.
-(으)리만큼(어미)	그가 나를 미워하리만큼 내가 그에게 잘못한 일이 없다.
-(으)ㄹ 이만큼(의존 명사)	찬성할 이도 반대할 이만큼이나 많을 것이다.
-(으)러(목적)	공부하러 간다.
-(으)려(의도)	서울 가려 한다.
-(으)로서(자격)	사람으로서 그럴 수는 없다.
-(으)로써(수단)	닭으로써 꿩을 대신했다.
-(으)므로(어미)	그가 나를 믿으므로 나도 그를 믿는다.
(-ㅁ, -음)으로(써)(조사)	그는 믿음으로(써) 산 보람을 느꼈다.

국어의 로마자 표기법

제1장 표기의 기본 원칙

제1항 국어의 로마자 표기는 국어의 표준 발음법에 따라 적는 것을 원칙으로 한다.

제2항 로마자 이외의 부호는 되도록 사용하지 않는다.

제2장 표기 일람

제1항 모음은 다음 각호와 같이 적는다.

  1. 단모음

ㅏ	ㅓ	ㅗ	ㅜ	ㅡ	ㅣ	ㅐ	ㅔ	ㅚ	ㅟ
a	eo	o	u	eu	i	ae	e	oe	wi

  2. 이중 모음

ㅑ	ㅕ	ㅛ	ㅠ	ㅒ	ㅖ	ㅘ	ㅙ	ㅝ	ㅞ	ㅢ
ya	yeo	yo	yu	yae	ye	wa	wae	wo	we	ui

[붙임 1] 'ㅢ'는 'ㅣ'로 소리 나더라도 ui로 적는다.

  〈보기〉 광희문 Gwanghuimn

[붙임 2] 장모음의 표기는 따로 하지 않는다.

제2항 자음은 다음 각호와 같이 적는다.

  1. 파열음

ㄱ	ㄲ	ㅋ	ㄷ	ㄸ	ㅌ	ㅂ	ㅃ	ㅍ
g, k	kk	k	d, t	tt	t	b, p	pp	p

2. 파찰음			3. 마찰음		
ㅈ	ㅉ	ㅊ	ㅅ	ㅆ	ㅎ
j	jj	ch	s	ss	h

4. 비음			5. 유음
ㄴ	ㅁ	ㅇ	ㄹ
n	m	ng	r, l

[붙임 1] 'ㄱ, ㄷ, ㅂ'은 모음 앞에서는 'g, d, b'로, 자음 앞이나 어말에서는 'k, t, p'로 적는다. ([ ]안의 발음에 다라 표기함.)

〈보기〉 구미 Gumi   영동 Yeongdong
        백암 Baegam   옥천 Okcheon
        합덕 Hapdeok   호법 Hobeop
        월곶[월곧] Wolgot   벚꽃[벋꼳] beotkkot
        한밭[한받] Hanbat

[붙임 2] '르'은 모음 앞에서는 'r'로, 자음 앞이나 어말에서는 'l'로 적는다. 단, 'ㄹㄹ'은 'll'로 적는다.

〈보기〉 구리 Guri   설악 Seorak
        칠곡 Chilgok   임실 Imsil
        울릉 Ulleung   대관령[대괄령] Daegwallyeong

제3장 표기상의 유의점

제1항 음운 변화가 일어날 때에는 변화의 결과에 다라 다음 각호와 같이 적는다.

1. 자음 사이에서 동화 작용이 일어나는 경우

〈보기〉 백마[뱅마] Baengma   신문로[신문노] Sinmunno
       종로[종노] Jongno   왕십리[왕심니] Wangsimni
       별내[별래] Byeollae   신라[실라] Silla

2. 'ㄴ, ㄹ'이 덧나는 경우

〈보기〉 학여울[항녀울] Hangnyeoul   알약[알략] allyak

3. 구개음화가 되는 경우
   〈보기〉 해돋이[해도지] haedoji   같이[가치] gachi
          맞히다[마치다] machida

4. 'ㄱ, ㄷ, ㅂ, ㅈ'이 'ㅎ'과 합하여 거센소리로 소리 나는 경우
   〈보기〉 좋고[조코] joko   놓다[노타] nota
          잡혀[자펴] japyeo   낳지[나치] nachi

   다만, 체언에서 'ㄱ, ㄷ, ㅂ'뒤에 'ㅎ'이 따를 때에는 'ㅎ'을 밝혀 적는다.
   〈보기〉 묵호 Mukho   집현전 Jiphyeonjeon

[붙임] 된소리되기는 표기에 반영하지 않는다.
   〈보기〉 압구정 Apgujeong   낙동강 Nakdonggang
           죽변 Jukbyeon   낙성대 Nakseongdae
           합정 Hapjeong   팔당 Paldang
           샛별 saetbyeol   울산 Ulsan

제2항 발음상 혼동의 우려가 있을 때에는 음절 사이에 붙임표(-)를 쓸 수 있다.
   〈보기〉 중앙 Jung-ang   반구대 Ban-gudae
          세운 Se-un   해운대 Hae-undae

제3항 고유 명사는 첫 글자를 대문자로 적는다.
   〈보기〉 부산 Busan   세종 Sejong

제4항 인명은 성과 이름의 순서로 띄어 쓴다. 이름은 붙여 쓰는 것을 원칙으로 하되 음절 사이에 붙임표(-)를 쓰는 것을 허용한다.(( )안의 표기를 허용함.)
   〈보기〉 민용하 Min Yongha (Min Yong-ha)
           송나리 Song Nari (Song Na-ri)
           (1) 이름에서 일어나는 음운 변화는 표기에 반영하지 않는다.
   〈보기〉 한복남 Han Boknam (Han Bok-nam)
           홍빛나 Hong Bitna (Hong Bit-na)
           (2) 성의 표기는 따로 정한다.

제5항 '도, 시, 군, 구, 읍, 면, 리, 동'의 행정 구역 단위와 '가'는 각각 'do, si, gun, gu, eup, myeon, ri, dong, ga'로 적고 그 앞에는 붙임표(-)를 넣는다. 붙임표(-)앞뒤에서 일어 나는 음운 변화는 표기에 반영하지 않는다.

〈보기〉 충청북도 Chungcheongbuk-do
제주도 Jeju-do   의정부시 Uijeongbu-si
양주군 Yangju-gun   도봉구 Dobong-gu
신창읍 Sinchang-eup   삼죽면 Samjuk-myeon
인왕리 lnwang-ri   당산동 Dangsan-dong
봉천 1동 Bongcheon 1(il)-dong
종로 2가 Jongno 2(i)-ga
퇴계로 3가 Toegyero3(sam)-ga

[붙임] '시, 군, 읍'의 행정 구역 단위는 생략할 수 있다.
〈보기〉 청주시 Cheongju   함평군 Hampyeong
순창읍 Sunchang

제6항 자연 지물명, 문화재명, 인공 축조물명은 붙임표(-)없이 붙여 쓴다.
〈보기〉 남산 Namsan   속리산 Songnisan
금강 Geumgang   독도 Dokdo
경복궁 Gyeongbokung   무량수전 Muryangsujeon
연화교 Yeonhwagyo   극락전 Geungnakjeon
안압지 Anapji   남한산성 Namhansanseong
화랑대 Hwarangdae   불국사 Bulguksa
현충사 Hyeonchungsa   독립문 Dongnimmun
오죽헌 Ojukheon   촉석루 Chokseongnu
종묘 Jongmyo   다보탑 Dabotap

제7항 인명, 회사명, 단체명 등은 그동안 써 온 표기를 쓸 수 있다.

제8항 학술 연구 논문 등 특수 분야에서 한글 복원을 전제로 표기할 경우에는 한글 표기를 대상으로 적는다. 이 때 글자 대응은 제2장을 따르되 'ㄱ, ㄷ, ㅂ, ㄹ'은 'g, d, b, l'로만 적는다. 음가 없는 'ㅇ'은 붙임표(-)로 표기하되 어두에서 생략하는 것을 원칙으로 한다. 기타 분절의 필요가 있을 때에도 붙임표(-)를 쓴다.
〈보기〉 집 jib   짚 jip
밖 bakk   값 gabs

붓꽃 buskkoch 먹는 meogneun
독립 doglib 문리 munli
물엿 mul-yeos 굳이 gud-i
좋다 johda 가곡 gagog
조랑말 jolangmal 없었습니다 eobs-eoss-seubnida

읽을거리 7

국립국어원(원장 권재일)은 국민들이 실생활에서 많이 사용하고 있으나 그동안 표준어로 인정되지 않았던 '짜장면, 먹거리' 등 39개를 표준어로 인정하고 인터넷으로 제공되는 『표준국어대사전』(stdweb2.korean.go.kr)에 반영하였다. 이에 따라 그동안 규범과 실제 언어 사용의 차이로 인해 생겼던 언어생활의 불편이 상당히 해소될 것으로 기대된다.

'짜장면' 등 39항목 표준어로 인정

국립국어원은 1999년에 국민 언어생활의 길잡이가 되는 『표준국어대사전』을 발간한 이후 언어생활에서 많이 사용되지만 표준어로 인정되지 않은 단어들을 검토하는 일을 꾸준히 해왔다. 표준어를 새로 인정하는 일은 신중하게 해야 하는 일이어서 어문 규정에서 정한 원칙, 다른 사례와의 관계, 실제 사용 양상 등을 시간을 두고 조사하였다. 이를 토대로 새 표준어로 인정할 수 있는 항목을 선별하여 2010년 2월 국어심의회(위원장 남기심)에 상정하였다. 이 회의의 결정에 따라 어문규범분과 전문소위원회가 구성되어 각각의 항목에 대해 총 3회에 걸친 심층적인 논의가 이루어졌다. 이러한 과정을 거쳐 새 표준어 대상으로 선정된 총 39항목이 2011년 8월 22일 국어심의회 전체 회의에서 최종적으로 확정되었다.

이번에 새로 표준어로 인정한 항목은 크게 세 부류이다.

첫째, 현재 표준어로 규정된 말 이외에 같은 뜻으로 많이 쓰이는 말이 있어 이를 복수 표준어로 인정한 경우이다. 그동안 '간지럽히다'는 비표준어로서 '간질이다'로 써야 했으나 앞으로는 '간지럽히다'도 '간질이다'와 뜻이 같은 표준어로 인정된다. 이렇게 복수 표준어로 인정된 말은 '간지럽히다', '토란대', '복숭아뼈' 등 모두 11항목이다.

복수 표준어를 인정하는 것은 1988년에 제정된 「표준어 규정」에서 이미 허용된 원칙을 따르는 것으로 이미 써오던 것('간질이다')과 추가로 인정된 것('간지럽히다')을 모두 교과서나 공문서에 쓸 수 있도록 하는 것이다. 따라서 국민들은 새로운 표준어를 익히는 불편을 겪을 필요 없이 이전에 쓰던 것을 계속 사용해도 된다.

둘째, 현재 표준어로 규정된 말과는 뜻이나 어감 차이가 있어 이를 인정하여 별도의 표준어로 인정한 경우이다. 그동안 '눈꼬리'는 '눈초리'로 써야 했으나 '눈꼬리'와 '눈초리'는 쓰임이 다르기 때문에 '눈꼬리'를 별도의 표준어로 인정하였다. 이렇게 별도의 표준어로 인정된 말은 '눈꼬리', '나래', '내음' 등 모두 25항목이다.

  셋째, 표준어로 인정된 표기와 다른 표기 형태도 많이 쓰여서 두 가지 표기를 모두 표준어로 인정한 경우이다. 그동안 '자장면', '태껸', '품세'만을 표준어로 인정해 왔으나 이와 달리 널리 쓰이고 있던 '짜장면', '택견', '품새'도 이번에 인정하였다. 이들도 두 표기 형태를 모두 복수 표준어로 인정한 것으로 그 정신은 첫째의 경우와 같다.

― 국립국어원

연습문제

연/습/문/제 1 의사소통 수단에 따라 그 어법과 말투가 어떻게 다른지 대조해 보자.

연/습/문/제 2 '여행', '친구', '부모님' 혹은 자신이 생각한 사물이나 상황을 소재로 삼아서 각각 1분 쓰기, 3분 쓰기, 5분 쓰기를 해 보자.

연/습/문/제 3 다음 자료를 보고 주위에서 교재를 불법 복제하여 사용하는 경우가 있는지 살펴보자. 그리고 지적 재산권을 보호해야 하는 이유에 대하여 써 보자.

문화 체육 관광부와 한국 저작권 단체 연합회 저작권 보호 센터는 지난 8월 29일부터 9월 30일까지 한 달간 '하반기 대학가 출판 합동 단속'을 실시해 불법 복제물 213건, 5,782점을 적발했다고 밝혔다. 이는 상반기 출판 합동 단속(228건, 7,430점 적발) 대비, 건수로는 6%, 복사물 개수로는 22%가 감소한 수치로 대학가의 출판물 불법 복제가 점차 감소하는 추세에 있음을 보여 준다. 특히 대학교 내 복사 업소에서의 불법 복제는 지난 상반기 대비 건수로는 20% 감소(89건), 복사물 개수로는 30%가 감소(2,452점)한 것으로 나타났다.

하반기 출판물 불법 복제 적발이 감소한 것은 매년 상반기와 하반기로 나누어 진행되는 출판물 불법 복제의 지속적인 단속과 불법 복제 근절 홍보 활동으로 인해 대학 내 정품 사용 분위기가 확산되고 있는 것이 주효한 것으로 보인다. 실제로 일부 대학에서는 정품 도서 벼룩시장을 개최하기도 하는 등 대학 스스로 자정 활동을 펼쳤으며, 충남 지역 한 복사 업자는 "올해 2학기에는 일감이 너무 없어 문 닫고 쉬는 경우가 많아졌다. 교수들도 복사 업소에서 불법 복사를 하지 말라고 학생들에게 강하게 당부하는 것으로 안다."라고 말했다.

이번 단속은 대학가 2학기 개강에 맞춰 불법 복사 근절 홍보 및 계도 활동과 병행하여 실시하였으며 서점과 출판 업계의 단속 민원을 적극적으로 활용하였다. 문화 체육 관광부 저작권 경찰과 한국 저작권 단체 연합회 저작권 보호 센터, 한국 복사 전송권 협회가 합동 단속반을 구성해 단속을 실시하였으며 수도권을 비롯한 전국의 대학 교내, 교외 복사 업소 1,239곳을 주요 단속 대상으로 하였다.

주요 적발 사례 중에는 불법 복사 업주가 수거 활동에 거센 반발을 하여 단속 반원을 오히려 경찰에 신고하는 사례도 있었다. 단속 반원과 출동한 경찰에 의해 불법 복제물은 전량이 수거되었다. 또한 광주 지역 모 대학에서는 복사실 뒤쪽에 불법 복제물 보관 창고를 마련해 놓고 복제물을 대량으로 보관하는 사례가 적발되었으며, 해당 불법 복제 서적은 406부 전량을 수거했다.

문화 체육 관광부와 한국 저작권 단체 연합회 저작권 보호 센터는 적발된 불법 복제물은 전량 수거·폐기하고 영리·상습 업자들은 문화 체육 관광부 저작권 경찰이 소환하여 조사한 후 검찰에 송치하는 등 불법 행위에 강력히 대처할 계획이라고 밝혔다. 아울러 대학교 구내의 불법 복사 업소 89곳은 해당 대학교 및 교육 과학부에 통보하여 자체 제재 조치를 취하도록 협조 요청을 할 계획이다.

한편 문화 체육 관광부는 복사 업소를 통한 불법 복제가 감소하는 추세임에도 불구하고 북 스캔 등 새로운 형태의 불법 복제가 확산될 우려가 있어 이에 대해서도 관련 업소에 권리자 단체를 통해 경고장을 보내는 등 적극적으로 대처하고 있다.

– 박남수, "대학가 출판물 불법 복제 감소 추세", 서울일보, 2011. 10. 8.

연/습/문/제 4 글쓰기가 밥 먹여 준다는 말은 이제 농담으로 넘길 수만은 없게 되었다. 우리가 살아가는 데 글쓰기가 왜 필요한지 생각해 보자.

(전략) 글쓰기는 이제 작가들의 전유물이 아니다. 직장인과 주부, 백수도 글을 쓴다. 편지지에서 이메일로, 200자 원고지에서 컴퓨터 워드 프로그램으로, 출판물에서 인터넷 블로그로 쓰는 곳과 펴내는 곳이 달라졌을 뿐이다. 글을 써서 남에게 읽히고 싶은 사람들의 마음 또한 예전과 변함이 없다. 다만 그 길이 넓어졌다.

글을 쓰고 싶는 통로가 다양해지자 사람들은 좀 더 글을 잘 쓰려고 노력하기 시작했다. 몇 년 전부터 글쓰기 안내 서적과 강좌가 인기를 끌었다. 『글쓰기의 공중부양』(이외수), 『네 멋대로 써라』(데릭 젠슨), 『뼛속까지 내려가서 써라』(나탈리 골드버그) 등 글쓰기 지침서가 매년 15권 이상씩 쏟아져 나왔다. 2005년 11월에 나온 『글쓰기의 전략』(정희모)은 3년간 9만여 부가 팔리며 지금까지도 인문 분야 스테디셀러 자리를 지키고 있다. 일반인을 대상으로 한 글쓰기 강좌도 곳곳에서 개설됐다. '한겨레 교육문화센터', '문지문화원 사이', 'KT&G 상상마당 아카데미' 같은 배움터는 물론이고, 민주 언론 시민 연합·공공 미디어 연구소·줌마네 같은 시민 단체나 커뮤니티에서도 크고 작은 글쓰기 강의를 열었다. 일주일에 한두 번씩 두 달 정도 교육을 받으려면 20만~30만 원씩 내야 하지만 강의실 문을 두드리는 사람이 적지 않다.

지난 몇 년간 사람들의 글쓰기에 대한 욕심은 지극히 실용적인 목적에서 출발했다. 『유혹하는 글쓰기』(스티븐 킹), 『국어 실력이 밥 먹여 준다』(김경원) 같은 글쓰기 지침서 제목이 말해 주듯, 글쓰기는 사람들에게 '유혹하는' 혹은 '밥 먹여 주는' 도구로 쓰였다. 어찌 보면 살기 팍팍한 세상이 사람들에게 억지로라도 글을 쓰게끔 만들기도 하는 것이다. 청년 구직자들은 눈에 띄는 자기소개서를 써서 취업 전선을 뚫어야 했고, 직장인들은 흠 잡을 데 없는 보고서를 써서 구조 조정에서 살아남아야 했다. 글쓰기 강좌를 운영하는 KT&G 상상마당 아카데미 사무국의 양미숙 씨는 "교육생 중 한 분은 원래 회계를 담당했는데, 회사 측에서 구조 조정을 하면서 규모가 작아져 갑자기 보도 자료를 쓰는 일까지 맡게 됐다며 강의를 들으러 왔다."라고 말했다. (중략)

대학도 글쓰기 경쟁력을 갖추려는 예비 구직자들을 돕고 나섰다. 아주대 기초교육대는 2009년 1학기부터 글쓰기 클리닉을 진행하고, 강사 대신 전임 교수가 작문 지도를 맡는 식으로 글쓰기 프로그램을 대폭 강화했다. 아주대 김철환 기초교육대학장은 '취업 경쟁력 강화'가 첫째 목표라고 말했다. "사회에 나가 있는 졸업생을 대상으로 설문 조사를 해 보니, 가장 부족하다고 느끼는 게 글과 말 같은 의사소통 능력이더라. 글쓰기 훈련을 제대로 받은 우리 학생들이 회사에 들어가 기안서나 보고서 하나라도 깔끔하게 쓰면 우리 학교 출신에게 호감을 느껴 취업률이 높아지지 않을까." (후략)

– 변진경, "글쓰기로 밥 먹고 글쓰기로 마음 닦기", 시사IN, 2009. 3. 24.

연/습/문/제 **5** 다음은 고암 정병례의 전각작품이다. 이 그림을 보고 제목을 지어보고, 떠오르는 단어를 나열하고, 그 단어들을 활용하여 마인드 매핑을 해 보자.

1) 떠오르는 단어

연/습/문/제 6　다음 예문을 읽고 소재, 제재, 주제를 찾아보자.

　　때가 됐다. 매체들이 20~30대의 투표율에 선거 결과가 달렸다는 기사를 쏟아 낸다. 후보들은 필사적으로 청년의 투표 참여를 호소한다. <한겨레>도 어제 '20~30대 투표율, 그것이 변수'를 1면 머리기사로 올렸다. 벌써 투표일이다.

　　선거 막판이면 쏟아지는 이런 호소를 보고 듣는 청년의 기분은 어떨까. 칼자루를 쥐고 있다고 추어올리는 것이니 어깨가 으쓱할 법도 하지만, 그들의 심정은 그렇게 쉽게 정리되지 않는다. 오히려 불편한 쪽이 많다. 선거 결과가 뜻대로 안 나오면, "젊은것들, 너희 탓이야!"라고 책임을 떠넘기려는 알리바이로 보이는 까닭이다.

　　최근의 경험만 보더라도, 젊은이들이 투표에 참여하기보다는 불참할 이유가 더 많다. 그들에게도 열렬한 투표 참여를 통해 정치 판도를 바꾸었던 경험이 있다. 그러나 그들에게 돌아온 것은 없었다. 대학 등록금, 취업, 고용의 질 등 어느 것 하나 그들을 위한 정책은 없었다. 선거가 끝나면 정치권은 기성세대 중심의 제도와 시스템을 강화했고 그들은 안중에도 없었다. 이명박 대통령만 해도 선거 운동 때 일자리 300만 개, 반값 등록금 등을 공약으로 내걸어 젊은이들로부터 열렬한 지지를 받았다. 그러나 지금까지 그가 한 일은 재계와 합작해 신입 사원의 임금을 뭉텅이로 깎고, 안정된 일자리를 대폭 줄이고, 등록금을 폭등시킨 것뿐이었다. 양적 차이만 있었을 뿐, 이전 정권도 청년층의 기대를 저버리긴 마찬가지였다. 이런 형편에서 패배주의 운운하거나 세상이 너희들 손에 달렸다거나 하는 건 염치가 없다.

　　그러나 분명한 건 한국의 현대사를 움직인 건 행동하는 젊은이들이었다는 사실이다. 4.19 세대, 6.3 세대, 민청·긴급 조치 세대, 그리고 최근의 386 세대는, 역사를 퇴행시키려는 청년 정치 장교들과 각축하면서 70년대 이후 한국 사회를 이끌어 왔다. 이들은 행동으로 세상을 바꾸고 그들이 원하는 사회를 스스로 구축했다. 그들은 세상에 끌려가지 않고 세상을 끌어갔다. 이들은 지금 뒤 세대의 벽이 되고 있다.

　　그 벽 앞에 선 오늘의 젊은이들은 너무나 작고 보잘것없다. 벽을 타고 넘으려는 시도조차 하지 않는다. 그저 웅크리고 있는 그들의 모습은 더욱 초라하다. 저항의 기억도 없고, 승리의 역사도 없으며 연대를 통한 전진의 경험도 없기 때문일 수 있다. 자본을 신으로, 기업을 성전으로, 경쟁 지상주의를 교리로 삼도록 하는 시장 근본주의 교육에 순치된 탓일 수 있다. 막대한 규모의 사교육비와 등록금을 들여 대학을 졸업하지만, 10명 가운데 1명은 실업자이고 2명은 비정규직이며 5명은 경제 활동을 자의 혹은 타의로 포기한 경우다. 고작 2명만이 정규직에 취업한다. 그것이 현실이지만, 이들은 조용하다. 일자리나 복지 문제로 돌과 화염병을 던지는 유럽의 젊은이들에게 도대체 알 수 없는 존재다.

　　알아서 챙겨주는 나라도 없고 사람도 없다. 부모도 일단 가정만 벗어나면, 새로운 세대와 갈등하고 충돌하는 처지다. 심지어 그들을 사선으로 내보내자는 것이나 다름없는, 전쟁 불사의 구호를 외치는 이들도 많다. 노인은 물론 젊은이들을 위한 나라는 이곳에 없다.

기성 권력은 개인의 소신과 삶의 태도를 문제 삼아 김제동의 마이크와 밥그릇을 쫓아가며 빼앗는 등의 방식으로 젊은이들을 길들이려 할 뿐이다. 설사 양심적인 지식인이라 해도 88만 원 세대의 구조적 문제를 제기할 뿐, 앞장서 해결할 순 없다. 스님이 소신공양을 한다고 기성 권력이 변하는 건 아니다.

영화 <내일을 향해 쏴라>에서 주인공 푸치와 선댄스는 결국 총을 든다. 그들에게 은행을 터는 건 내일로 향한 유일한 출구였다. 우리 젊은이들이 처한 상황도 크게 다르지 않다. 총 대신 표를 갖고 있다는 게 다를 뿐이다. 표는 약자들의 총과 총알이다. 여럿이 함께 쏘면 세상이 바뀐다. 나를 위해, 그리고 수많은 김제동과 이웃을 위해 표를 쏘자.

— 곽병찬, 나를 위해, 우리를 위해, 한겨레신문, 2010. 6. 1.

연/습/문/제 7 스마트폰의 여러 속성을 제시하고, 그것이 우리 삶의 변화와 어떻게 관련되는지 자신의 견해를 써 보자.

연/습/문/제 8 다음 글을 분석한 뒤 전체 개요를 작성해 보자.

경상북도는 지난해부터 전통 마을 체험 행사를 열고 있다. 대부분 대도시에 거주하는 사람들이 가족 단위로 내려와 수백 년 된 고택(古宅)에서 하룻밤을 지내면서 선비 문화와 전통 음식을 체험하고 돌아간다. 국립 민속 박물관은 충남의 5개 민속 마을을 방문하는 '가자 1박 2일 충남 민속 마을' 행사를 올해부터 열고 있다. 입소문이 나면서 행사 때마다 수용 인원의 10배가 넘는 신청자가 몰려 추첨으로 선정한다. 오래 잊혀져 왔던 전통 마을이 지방을 활성화하는 관광 자원으로 재탄생하고 있는 셈이다.

어제 유네스코 세계 유산에 새로 등재된 하회 마을과 양동 마을은 국내 전통 마을 가운데 대표적인 곳이다. 경북 안동에 있는 하회 마을은 600년 이상, 경북 경주에 위치한 양동 마을은 500년 이상 같은 문중 사람들이 살아온 양반 마을이다. 숱한 전란(戰亂)을 겪으면서도 두 마을이 원형을 유지하고 있는 것은 기적에 가깝다. 서울에서는 600년 고도(古都)의 모습을 찾기 어렵다. 한적한 농촌에도 아파트 등 현대식 건물이 들어서고 있다. 한국의 문화와 자연 유산이 세계 유산에 등재된 것은 이번이 10번째가 되지만 전통 마을은 처음이다. 주민이 전통 가옥뿐 아니라 유교 전통 등 무형의 문화를 잘 보존한 것이 두 마을의 가치를 더 높였다.

세계 문화유산으로 지정되면 관광객 방문이 급증한다. 조선 왕릉이 지난해 6월 말 세계 유산에 등재된 뒤 외국 방문객은 8배로 늘어났다. 지난해 1월부터 6월까지 조선 왕릉의 외국 관광객은 4,648명이었으나 올해 같은 기간에는 37,063명으로 증가했다. 두 마을이 국제적인 명소로 인기를 모으는 것은 반가운 일이지만 많은 사람이 한꺼번에 찾아왔을 때 원형 훼손이 우려되는 것도 사실이다. 그만큼 세계 유산 등재는 자부심과 함께 책임이 따른다.

하회 마을은 임진왜란 때의 실패를 기록해 후대의 교훈으로 남긴 '징비록'의 저자 서애 유성룡, 양동 마을은 대표적인 성리학자 회재 이언적을 배출한 곳이다. 두 마을의 원형을 보존하는 것 못지않게 선인들이 남긴 정신적 유산을 지켜야 할 책임도 우리에게 있다. 국내 관광객들은 두 마을의 외형만 보고 돌아갈 게 아니라 마을 사람들이 계승해 온 정신적 가치를 함께 느끼는 일에도 관심을 가질 필요가 있다.

— 홍찬식, 하회 마을과 양동 마을, 동아일보, 2010. 8. 2.

	주제문	
〈제목〉	처음(도입)	
	중간(전개)	
	결말(정리)	

연/습/문/제 9 예시문의 문제점을 찾아서 다듬어 보자.

인터넷으로 소통하는 세계

(1) 인터넷의 등장으로 전 세계는 술렁이기 시작했다. 처음에 등장한 인터넷은 그다지 우리 사회에 영향을 끼치지 못했다. 하지만 지금 우리 사회는 인터넷이란 공간으로 대화하고 소통하는 일이 많아졌고, 없으면 불편함을 호소할 정도로 인터넷의 영향을 많이 받는다. 나만 해도 인터넷이 안 되면 하루 종일 짜증이 난다.

(2) 그렇다면 인터넷이 어떠한 기능을 하기에 우리 생활 속에 깊숙이 자리 잡게 되었을까. 초기에는 검색 기능이나 메일, 그 정도만 포함하고 있던 인터넷의 기능들이 점차 발전을 거듭하여 메신저, 블로그, 미니홈피, UCC 등 여러 가지 프로그램들로 우리들을 매혹시키기 때문이다.

(3) 요즘 '유튜브'라는 사이트로 전 세계 사람들이 UCC를 공유할 수 있는 공간이 생겼다. 연예인들도 이 사이트를 이용해 세계에 자신을 어필하는 매개로 이용하고 있다. 이 외에도 메일도 주고받고 메신저로 대화도 하고 우리나라뿐만 아니라 다른 나라 사람들과 소통할 수 있는 매개체가 참 많아진 것이다. 특히, 인터넷 메신저는 우리나라에서도 아주 유용하게 쓰이고 있다. 오프라인으로 만나기 어려운 상황에 처했을 때 온라인으로 만나 실시간으로 대화할 수 있는 것이다. 만약 인터넷이 없었더라면 이것이 실현될 수 있었을까? 없었을 것이다. 이 메신저를 잘 활용하면 외국인 친구들과도 좋은 관계를 유지할 수 있을 것이다.

(4) 예전처럼 전화 통화나 편지로 대화하는 시대는 사라졌다. 아주 사라진 것은 아니지만 거의 인터넷이 주류를 이루고 있다. SBS 프로그램 '스타킹'도 UCC 스타면서 외국 사람들도 많이 등장하고 외국어만 능통하다면 외국 사이트에 들어가서 그 나라 사람들과도 대화할 수 있고 외국에서 어떤 일이 일어나는지 등 여러 가지를 확인할 수 있다. 또 화상 채팅도 할 수 있어서 서로 얼굴을 마주보며 대화할 수 있게 되었다. 요즘 세계는 하나다. 지구촌이다. 세계가 가까워지는 데에는 여러 가지 요인들이 있겠지만 그 중에 인터넷이 큰 비중을 차지하고 있다고 생각한다.

(5) 하지만 아직 인터넷이 보급되지 않았거나 보급이 되었어도 보편화되어 있지 않은 나라들이 많다. 어서 세계 곳곳에 인터넷이 보급되어 지금보다 더 많은 나라들의 문화를 자세히 알아보고 그들과 대화해 보고 싶다. 앞으로 인터넷이 더 발전한다면 지금은 상상할 수도 없는 소통 수단이 생길 것이다. 그 날이 기대된다.

— 학생의 글

연/습/문/제 10   해마다 우리 주변에서는 다채로운 축제가 열린다. 타 지역에 살고 있는 사람에게 우리 지역 축제를 설명하는 글을 작성해 보자. 먼저 글의 개요를 작성하고, 개요를 바탕으로 서론·본론·결론을 갖추어 한 편의 글을 완성해 보자.

연/습/문/제 11 다음 글은 필사본 「임경업전」 뒤에 적힌 필사기에 대한 설명과 감상이다. 읽고 적절하게 단락을 나누어 보자.

(전략) 이상은 필사본 「임경업전」의 뒤에 적힌 필사기이다. 당시에 소설책이 중요한 혼수 품목 중 하나였다. 아우의 혼인을 맞이하여 처음 친정으로 어렵게 걸음한 딸이 집에 있던 소설책을 만지작거리다가 베껴 써서 시댁으로 가져가겠다는 결심을 내비친다. 하지만 소설책이 너무 길어 아직 반도 채 쓰지 못했는데 시댁으로 돌아갈 날짜가 닥치고 말았다. 글씨체를 보면, 처음에는 아버지가 딸이 반쯤 쓰다만 소설책을 직접 마저 베끼려 했던 모양이다. 몇 장을 쓰다가 여의치 않자 딸의 사촌 동생을 동원하였다. 한 장 써보게 하니 글씨체가 마땅치 않았다. 붓을 빼앗아 다시 두 줄을 적다가 도저히 안 되었던지 제 동생을 시켜 마저 쓰게 했다. 필사가 다 끝나갈 무렵 조카아이가 자기의 필적도 남기겠다고 나섰던 모양이다. 마지막 장의 삐뚤빼뚤한 서툰 글씨 한 장은 그래서 끼어들었다. 그렇게 온 집안이 동원된 필사가 마침내 끝났다. 아버지는 책을 매고 나서 다시 붓을 들어 남은 여백에 편지를 대신하여 딸에게 필사의 경과를 적었다. 그리고 마지막에 '아비 그리운 때 보아라.' 뒤늦게 친정에서 보내온 이 책을 받아든 딸은 어떤 생각을 했을까? 이때 소설은 그저 단순한 이야기책일 수가 없다. 그리운 아버지, 보고 싶은 동생과 친정 식구들 생각이 날 때마다 그녀는 이 책을 읽고 또 읽을 것이다. 필사기가 적힌 마지막 장에는 그녀의 눈물 자국이 여기저기 남아 있을 것만 같다. 부모의 이런 마음이 딸에게는 그 힘든 시집살이를 견딜 수 있도록 든든한 울타리 역할을 해주었을 것이다. 붓으로 베껴 쓴 옛 소설책을 보면 떠오르는 생각이 참 많다.

– 정민, 『책 읽는 소리』, 마음산책, 2002, 81-82쪽.

연/습/문/제 12 아래 단락들에서 중심 문장에 밑줄을 긋고, 그것이 중심 문장인 이유를 설명해 보자.

> <u>태양처럼 모든 것을 보는 존재인 신은 태양과의 동일시를 통해 빛의 원천, 때로는 빛 자체가 되기도 한다.</u> '제우스'의 어원적 의미는 '빛나는 하늘'이며, 그는 번개로 현현한다. 고대 이집트 신화에서 최초의 창조주이자 신인 아톰은 빛의 상징이며, 오시리스는 '거룩한 불'이라 불린다. 『구약』의 「시편」과 「이사야서」는 여호와를 각각 '빛'(27.1), '영원한 빛'(60.19)이라 칭하며, 바빌론 유수 이후에도 여전히 여호와는 '빛의 존재'였다. 고대 메소포타미아의 마르두크 신도 빛과 동일시되었으며, 아프리카의 아칸족에게 신이 "빛나는 존재"라면 이그비라족에게 빛은 신의 은총의 표시이기도 하다.
> 　　　　　　　　　　　　　　　－ 임철규, 『눈의 역사 눈의 미학』, 한길사, 2004, 48-49쪽.

연/습/문/제 13 아래 단락들에서 중심 문장에 밑줄을 긋고, 그것이 중심 문장인 이유를 설명해 보자.

> <u>인간의 밤이 불야성을 이루게 된 것은, 인류의 역사 속에서 극히 짧은 최근의 일이다.</u> 수백만 년에 이르는 인류의 역사 속에서는 일출과 함께 일어났다가 일몰과 함께 잠드는 것이 당연한 생활양식이었다. 나무나 기름을 태우는 수준의 조명 기구로 밤을 활용하기엔 역부족이었기 때문이다. 행동반경도 제한되고 할 수 있는 일도 극히 한정되었기 때문에, 일찍 잠자리에 들어 내일을 위한 충전을 하는 것이 당연한 일과였다. 그러나 인간의 문명은 자연의 한계를 극복하고 밤을 밝히기에 이르렀다. 전기의 발견과 전등의 발명으로 인류의 밤은 수백만 년의 어둠을 걷어냈다.
> — 사이쇼 히로시 저, 최현숙 옮김, 『아침형 인간』, 한스미디어, 2003, 33-34쪽.

연/습/문/제 14 아래 단락들에서 중심 문장에 밑줄을 긋고, 그것이 중심 문장인 이유를 설명해 보자.

> 역사의 연구는 개별성을 추구하는 것이라고 할 수 있다. 즉, 구체적인 과거의 사실 자체에 대한 구명을 꾀하는 것이 역사적인 것이다. 가령 고구려의 한족과의 투쟁을 고구려라든가 한족이라든가 하는 구체적인 요소들을 빼 버리고, 단지 "자주적인 대제국이 침략자와 투쟁했다."라고만 서술해 버린다면 그것은 한국사일 수가 없다. 요컨대 일정한 시대에 활약하던 일정한 인간 집단의 구체적 활동에 대한 서술을 빼면 그것은 역사일 수 없는 것이다.
> — 이기백, 「한국사의 보편성과 특수성」, 『이화사학연구』 6-7, 1973, 7쪽.

연/습/문/제 **15** 집에서 학교에 오는 길에 겪었던 일을 시간적 순서에 따라 기술해 보자.

연/습/문/제 16 재래시장 구경을 나갔다고 상상하고, 시선의 이동에 따라 시장의 모습을 자세히 묘사해 보자.

연/습/문/제 17 사랑의 조건을 나열식 방식으로 설명해 보자.

연/습/문/제 18 다음 글을 분석한 뒤 개요를 작성해 보자.

> 동일 손짓 언어는 전 세계 모든 지역에서 통용되는 범문화적인 동작 기호다. 손뼉을 치거나 악수를 하는 등 상이한 문화에서 동일한 형태와 메시지를 전하는 보편적 행위다. 그러나 똑같은 동작이라 할지라도 각 문화권의 태도와 반응은 다르다는 점에 주목할 필요가 있다. 가령 보편적인 형태의 인사법인 악수는 신체 접촉의 행동 양식에 따른 관습화된 차이가 존재한다.
>
> 신체 접촉의 악수를 좋아하는 사회는 이탈리아, 스페인, 콜롬비아, 프랑스의 라틴계와 폴란드, 러시아 등의 슬라브계다. 특히 프랑스인은 남성과 여성, 낯선 이들을 가리지 않고 아무에게나 악수 청하기를 좋아한다. 하루에 몇 번씩 같은 사람과 악수를 나누는 일이 프랑스에서는 전혀 이상한 일이 아니다. 다만 악수한 사람은 반드시 기억하고 있어야 한다. 악수를 나누고도 이름을 기억하지 못한다면 첫 악수 시 상대방을 무시했다는 증거로 간주된다. 프랑스인들은 손이 젖었거나 손을 다쳤을 때는 손목이나 팔꿈을 내밀 정도로 악수가 습관화되어 있다.(중략)
>
> 이와 대조적으로 동시에 여러 사람과 악수를 하지 않는 독일인과 영국인은 악수에 그다지 호의적이지 않다. 이들은 회합이나 파티에서 마지못해 악수를 하는 경향이 농후하다. 영국인들은 초면의 남성에게만 악수를 건네며 두 번째부터는 악수가 생략된다. 아무리 반가운 얼굴일지라도 구면이라면 손을 잡아서는 안 되는 것이다. 악수를 할 때도 다소 거리를 두고 떨어진 상태에서 가볍게 손을 잡아 흔드는 것이 예의다.(중략)
>
> 이처럼 동일 손짓 언어는 모든 이들이 당연하게 받아들인다. 그럼에도 악수에 대한 금기 사항은 곳곳에서 발견된다. 가령 러시아에서는 문지방을 사이에 두고 악수를 하는 일을 터부시한다. 어정쩡하게 문턱에서 악수를 하면 재수가 없다고 생각하는 것이다. 또 종교 관습상 왼손을 부정하게 여기는 무슬림과 힌두교인들은 왼손으로 악수하는 일이 금기시된다. 미얀마에서는 전통적으로 악수가 익숙지 않은 문화권이기에 아직도 시골 노인들에게 손을 내밀면 거부당하는 일이 많다.
>
> 일반적으로 악수는 반가운 인사라는 공통의 메시지를 반영한다. 그러나 동일 손짓 언어라도 경우에 따라 메시지가 달라질 때가 간혹 있다. 예를 들어, 원래 축하와 환호의 의미로 사용되는 박수가 때로는 격려 혹은 위로의 의미로도 사용된다.
>
> 동작의 메시지가 다소 일치하지 않더라도 일반 문화 규범으로서의 동일 손짓 언어는 쉽게 이해가 가능한 동작들이다. 따라서 굳이 배우지 않아도 쉽게 적응할 수 있다. 그러나 역시 의사소통 상황의 맥락에 따라 종종 오해가 생길 때가 있으므로 주의해야 한다.
>
> — 이노미, 『손짓, 그 상식을 뒤엎는 이야기』, 바이북스, 2009, 74-76쪽.

〈제목〉

주제문

처음(도입)

중간(전개)

결말(정리)

연/습/문/제 19 다음 화제를 각각의 설명 방식을 사용하여 서술해 보자.

① 탈코르셋 (정의)
② 세계 일주를 하는 방법 (예시)
③ 여자와 남자 (비교/대조)
④ 꽃 (구분/분류)
⑤ 대중들이 유튜브에 열광하는 이유 (분석)

연/습/문/제 20 아래의 예문은 백과사전 중에서 '설명문'에 해당되는 항목이다. 이 예문은 설명의 여러 방식을 활용하여 한 편의 글을 완성하는 모습을 보여 준다. 이와 같이 앞에서 배운 설명의 방식을 활용하여 '케이팝(K-POP)'에 대한 한 편의 설명문을 써 보자.

설명문	
〈요약〉	
사물의 이치를 설명하여 읽는 이의 지식과 이성에 호소하는 글.	정의
〈본문〉	
생활에 도움을 주는 것을 목적으로 하는 실용적 설명문과 어떤 일에 조리를 내세워 알기 쉽게 설명함으로써 지식과 교양을 전해주는 것을 목적으로 하는 과학적 설명문이 있다.	구분/분류
실용적 설명문에는 가전제품 사용 설명서나 의약품 사용 설명문, 놀이동산 안내서 같은 것이 있고, 과학적 설명문에는 수학 공식 설명문이나 과학 원리 설명문 같은 것이 있다.	예시
(중략)	
넓게는 묘사문도 설명문에 포함시키는 경우가 있지만 묘사문은 글 쓰는 이의 감정과 느낌이 개입된다는 점에서 설명문과 차이를 보인다.	비교/대조

- 〈두산동아대백과사전〉

연/습/문/제 21
'군 가산점 제도'에 대한 다음 두 글을 읽고 자신의 입장을 정리하여 600자 내외의 논증 글을 써 보자.

(가) 최소 22개월간 자기 계발 기회 잃어… 차별적 희생에 국가의 보상은 당연
양성평등 침해 막을 수 있게 여성 위한 새 제도도 마련을

　병역의 의무는 대한민국의 남성에게 국한해 지워지는 강제적 의무이다. 헌법에는 병역의 의무가 모든 국민에게 지워져 있으나 병역법은 남성에 국한해 헌법적 의무를 규정하기 때문이다. 그러므로 여성이 군 복무에 임하는 경우는 의무로서의 군 복무가 아닌 직장으로서의 선택적 사항이 된다. 역사적으로 볼 때, 병역 의무의 기간은 과거의 3년에서부터 현재의 2년이 채 되지 못하는 22개월로 변화되어 왔다. 2년 정도의 병역 의무는 20대 초반의 남성들에게 일상생활을 통한 자기 계발의 기회가 박탈되고 격리와 통제의 생활이 강요된다. 특히, 같은 기간 동안 병역 의무를 수행하지 않는 또래에 비하면 희생의 정도가 상대적으로 매우 심각하다는 점은 재론의 여지가 없다.

　국가가 병역 의무 수행자들에게 주어 온 일정 정도의 혜택은 희생과 기회의 상실에 대한 보상적 의미가 포함되어 있다. 이의 대표적인 예로 공직 시험에서 병역 의무 수행자들에게 주어진 가산점 제도를 들 수 있다. 가산점 제도는 7급 이하의 공직 응모자 중 병역 의무 수행자에게 자신의 시험 점수에 추가적으로 5%의 점수를 배려해 주는 것이다. 병역 의무 수행자들 중에서 공직에 진출을 희망하는 사람들에게는 치열한 공직 입문의 경쟁을 헤쳐 나가는 과정에 적지 않은 도움이 된다.

　헌법 재판소는 가산점 혜택이 헌법 정신에 위배한다는 위헌 판결을 내렸다. 특정 남성에게 제공되는 추가 점수는 여성이나 장애인들의 취업 기회를 제한할 뿐만 아니라 평등의 원칙에 위배된다는 취지이다. 매우 근소한 점수 차이로 인해 취업이 결정되는 현실을 고려할 때, 5% 정도의 가산점은 과잉된 혜택이라는 점도 매우 중요한 이유였다. 그런가 하면 보편적 의무에 대한 국가 보상의 명백한 이유가 없다는 주장도 있었다. 보편적 의무가 왜 남성에게만 주어져야 하는가라는 반론도 있었다. 그러나 당시의 사회적 분위기도 가산점 제도의 폐지에 적지 않은 영향을 초래했다.

　공직 진출을 희망하는 병역 의무 수행자들은 더 이상 가산점 혜택을 받지 못하고 있지만, 이들에 대한 국가 보상의 일환으로 가산점 제도의 부활을 다시 생각해 볼 시점이다.

　우선, 병역 의무의 의미를 재해석해 보아야 한다. 헌법은 모든 국민에게 병역의 의무를 강제하지만, 실제로 모든 국민이 병역 의무를 수행하진 않는다. 질병이나 신체상의 제약으로 인해 병역 의무를 수행하지 못하는 국민이 있다. 반면에 병역 의무를 수행하지 않아도 되는 국민도 있다. 병역 의무의 대상자들은 최소 22개월 동안 자신의 기회를 상실한다. 그렇다면 병역 의무 수행자들은 그렇지 않은 국민들과 차별되어야 하며, 국가는 그들의

차별적 희생에 상응하는 보상을 제공해야 한다. 국가가 국민의 일부에 국한해 병역 의무를 강제했기 때문이다.

양성평등이 가산점 폐지를 통해 확보될 수 있다는 논리는 지극히 편협한 논리이다. 왜냐하면 이는 하향화 평등의 전형적인 유형이기 때문이다. 양성 모두에게 도움이 되는 제도가 제공될 때, 여성의 사회적 지위가 실질적으로 향상된다. 가산점 제도는 유지하되 여성에 도움이 되는 새로운 제도를 구축할 때, 상승적 평등의 가치가 구현된다.

가산점 제도가 사회적 약자의 희생을 초래한다는 우려가 있다. 그럼에도 가산점 제도는 국가를 대표하는 공직 진출을 희망하는 병역 의무자들에게 국가가 제공하는 혜택이라는 의미가 있다. 병역 의무자 중 공직 진출 희망자가 많지 않다. 이들에 대해 약 2~3% 범위 내에서 가산점을 제공하는 것은 사회의 다른 계층에 지대한 불이익을 준다고 볼 수 없다. 이렇듯, 가산점 제도의 부활과 동시에 이의 운영에 사회적 환경과 요구를 적절하게 반영한다면 평등과 기회의 보편적 보장이라는 헌법 정신은 지켜질 수 있다.

- 목진휴(국민대 행정정책학부 교수), 한국일보, 2012. 7. 31.

(나) 국가가 별도 재원 마련 없이 사회적 약자에 부담 전가
전역 수당·학자금 이자 완화 등 전역자 모두 혜택 볼 수 있어야

군 가산점 제도 부활 또는 신 가산점 제도 도입에 관한 논의의 본질은 군대에서 의무 복무를 마친 제대 군인에게 적절한 보상을 하자는 것이다. 국방의 의무를 수행한 사람에게 보상을 주는 것에 대해 반대하는 국민이 거의 없다고 보면, 현재의 논란은 보상 제도로서 가산점을 고집하느냐, 가산점 이외의 보상을 하느냐의 논쟁으로 압축된다.

가산점제와 관련된 논쟁은 1999년 헌법 재판소의 위헌 판결이 있기 전부터 현재까지 20년 가까이 진행되고 있다. 헌재의 위헌 판결 이후 새로운 제대 군인 보상 제도를 위한 사회적 합의에는 관심이 적고, 군 가산점제만을 두고 가산점 비율 축소나 혜택의 범위를 제한하는 논의에 지나치게 매몰되는 형국이라는 점에서 아쉬움이 있다.

군 가산점 제도는 1999년까지 국가 및 지방 자치 단체 등의 7~9급 공무원 시험에서 의무 복무 제대 군인에게 만점의 최대 5%를 가산하도록 하는 제도였다. 그러나 헌법 재판소는 "제대 군인에 대한 사회 정책적 지원이 필요할지라도 그것이 사회 공동체의 다른 집단에게 동등하게 보장돼야 할 균등한 기회를 박탈하는 것이어서는 안 되며, 가산점 제도는 군대에 가지 못하는 남성과 여성, 장애인 등의 사회적 진출 기회를 박탈하는 것"이라는 취지의 위헌 결정을 한 바 있다. 이후 군 사기 진작, 병역 의무 이행자에 대한 최소한의 상징적 예우, 병역 기피자 감소 대책의 일환으로 국회.국방부의 군 가산점 제도 개선안 마련 등을 통해 부활 논의가 지속적으로 반복되고 있다.

이들 부활안은 가산점의 비율을 기존 5%에서 2~2.5%로 낮추고, 가산점에 의한 합격자

범위를 20%로 제한하며, 가산점 부여 횟수나 기간을 한정해 가산점 제도를 재도입하자는 데 초점을 맞추고 있다. 그러나 군 가산점제 제도 입안이 1999년 이전과 비교해 그 부작용이 상당히 완화됐다는 데 동의한다 하더라도, 군 가산점제가 여성 및 장애인에게 미치는 피해 규모는 여전히 크다. 예컨대 '군 복무자에 대한 합리적인 보상 제도'라는 2010년 보고서에 따르면 2009년 7급과 9급 일반 공무원 필기 시험 합격자를 기준으로 가산점 2.5%, 합격 인원의 20% 범위를 적용했을 때 가산점이 적용되지 않는 현행 남녀 합격자의 비율과 비교한 결과, 7급 시험의 경우 합격자 362명 중 12.9%(47명)의 당락이 뒤바뀌고, 9급은 합격자 339명 중 19.8%(67명)의 당락이 바뀌는 것으로 나타났다. 이런 의미에서 제대 군인에 대해 사회 정책적 지원이 필요하다 하더라도 가산점 제도는 아무런 국가재정의 뒷받침 없이 결과적으로 장애인 및 여성의 희생을 초래하는 문제점이 있다.

헌법 제25조에서 규정하고 있는 능력과 적성에 따라 공직에 취임할 균등한 기회가 직무 수행 능력과 무관한 요소로 인해 박탈되는 것이다. 가산 점수를 축소하고 그 적용 범위를 제한한다 하더라도 시험에서 능력 이외의 가산점을 부여하는 것은 가산점을 받을 기회가 원천적으로 봉쇄된 쪽에 대해 배제와 차별의 의미를 띨 수밖에 없으므로 그 자체로서 위헌적 소지를 여전히 내포하고 있다. 제대 군인에 대한 보상 제도의 하나로서 군 가산점 제도는 국가가 별도의 재원을 마련하지 않은 채 그 부담을 여성 및 장애인과 같은 사회적 약자에게 전가해 의무 복무자에 대해 보상하는 것과 다름없는 제도라는 본질적 한계에서 벗어나기 어렵다.

군 가산점제를 찬성하는 입장에서는 군 복무자에 대한 최소한의 상징적 보상이라는 점을 강조한다. 하지만 군 가산점 제도는 누군가의 기회를 제한하는 상징일 수밖에 없다. 가산점이 작다는 점에서 제대 군인에게 실익이 크게 없으며, 여성이나 장애인에게 미치는 피해도 크지 않으리라는 주장도 있다. 그렇다면 실익도 없는 보상 방안을 굳이 반복해서 추진하는 이유는 무엇이겠는가. 그러는 사이 다른 실질적인 보상 방안을 마련하는 것이 순리가 아니겠는가라는 생각을 해 본다.

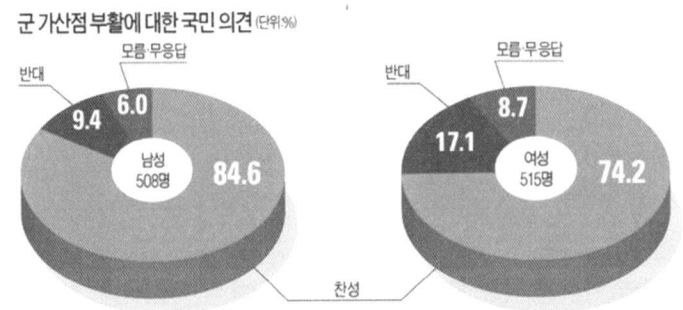

군 가산점 제도가 쉽게 부활하지 못하는 것은 여성 가족부나 여성 단체가 적극적으로 반대해서라고 보기도 어렵다. 이 제도 자체로서 공정한 룰이 아니라는 자각이 많은 이들의 마음속에 자리 잡고 있기 때문이라고 본다.

국방부의 최근 조사 결과에 따르면 여성의 74.2%가 군 가산점 제도에 찬성하는 것으로 나타났으나 여성 가족부의 2009년 조사 결과에 의하면 '복무 기간에 대한 공적 인정 확대', '취업 지원 확대 및 취업 지원 프로그램' 강화와 같은 대안을 지지하는 국민의 비율이 57%였고, 군 가산점제를 꼽은 비율은 25.5%에 머물렀다. 가산점 제도에 찬성하는 상당수의 국민은 마땅한 보상 제도가 없는 상황에서 가산점이라도 줘야 한다는 의미로도 해석될 수 있는 것이다.

제대 군인에 대한 보상 방안으로 현재까지 여러 가지 대안들이 제시되고 있다. 그 실현 가능성에 대해서 입장 차이가 있는 것도 사실이지만 다수의 국민이 합의에 이르면 우리의 경제력이나 국력에 비춰 봤을 때 전혀 불가능한 방안이 아니라는 사고의 전환이 있어야 할 것이다.

경제적 보상 방안으로 '의무 복무 군인의 급여 인상', '국민연금의 노령 연금 지급 시 군 복무 기간 전체를 산정해 주고 국가가 부담하는 방안', '대학 재학 중 입영자에 대한 학자금 대출 이자 국가 부담' 등이 거론되고 있다. 경제적 지원 이외의 방안으로는 '의무 복무 제대자 취업 지원 체계 구축', '제대 군인 전역 수당 지급', '의무 복무 군인 지원에 관한 입법' 등이 제안되고 있다.

'제대 군인에 대한 보상은 필요하다'는 입장은 군 가산점제 부활에 찬성하는 국민이나 반대하는 국민이나 모두 공감하는 부분이다. 따라서 군 가산점에 국한된 소모적인 논쟁을 반복하며 현재 제대 군인의 1%에도 미치지 못하는 사람만이 혜택을 받을 수밖에 없는 재도 입안에 치중할 것이 아니다. 제대 군인 모두에게 혜택이 돌아갈 수 있고 제대 군인 예우라는 상징성도 지닐 수 있으며, 동시에 특정 집단의 사회적 진출 기회를 빼앗지 않을 보상 대안을 찾는 데 정부, 정책 당국, 시민 사회의 노력이 집중될 필요가 있다.

— 안상수(여성정책硏 연구위원), 한국경제, 2012. 7. 13.

〈개요 작성〉

연/습/문/제 22 다음 문장들 중 하나를 골라 그 뒤에 이어질 만한 문장들을 써 보자. 한 사람이 하나씩 차례로 이어 써서 각 조마다 하나의 유의미한 서사 단락을 완성해 보자.

- 카페에 남자가 혼자 앉아 있다.
- 빨간 풍선이 하늘로 날아오르고 있었다.
- 아주머니가 아이의 손을 쥐고 걸어갔다.
- 멀리서 '펑'하는 큰 소리가 났다.

연/습/문/제 23 다음은 우리가 익히 알고 있는 〈해와 달이 된 오누이〉의 간략한 줄거리이다. 아래 제시한 기본 문장을 뼈대로 삼아 밑줄 친 부분을 채워 가며 한 편의 이야기를 만들어 보자. 문장과 문장, 단락과 단락 사이의 인과성을 고려하여 이야기를 만들면서 서사가 이루어지는 과정을 직접 체험해 보고 이야기의 주제가 무엇인지 생각해 보자.

- 어머니가 오누이를 데리고 산속 외딴집에서 살고 있었다.

- 어머니는 집으로 돌아오는 길에 호랑이를 만났다.

- 어머니를 잡아먹은 호랑이는 오누이를 잡아먹으려고 외딴집을 찾아갔다.

- 오누이는 어머니가 아니라 호랑이인 것을 알고 달아났다.

- 하늘로 올라간 오누이는 해와 달이 되었다.

연/습/문/제 24 다음 그림은 프랑스를 대표하는 표현주의 화가(러시아 출신) 마르크 샤갈의 '나와 마을(I and the village), 1656'이다. 앞이 보이지 않는 장애를 가진 친구가 있다고 가정하고 이 그림을 머릿속에 그려 볼 수 있도록 매우 구체적으로 기술해 보자.

연/습/문/제 25 다음 문장이 어색한 이유를 찾고 바르게 고쳐 보자.

1) 오늘 우리가 할 일은 방을 깨끗이 청소한다.
2) 내가 화가 나는 이유는 이 문제에 대한 사람들의 무관심이다.
3) 공부에 지친 자녀에게 격려해 줍시다.
4) 우리는 매일 적당한 휴식과 운동을 열심히 하였다.
5) 학생 회장 선거에 출마한 그는 과반수의 득표를 얻어 되고야 말았다.
6) 그런 놀라운 소식을 듣고도 그의 얼굴은 보였다.
7) 열심히 공부해라. 왜냐하면 이번에 성적이 향상되지 않으면 장학금을 놓치게 된다.
8) 그가 돌아올 것이라고 믿었지만 결국 실망시켰다.

연/습/문/제 26 다음 각 단어의 의미를 사전에서 확인해 보자.

(1) 결단/결딴, 의문스럽다/의뭉스럽다, 나이/연세/춘추, 염통/심장, 허파/폐, 되도록/가급적, 샛별/금성

(2) 갑절/곱절, 너머/넘어, 띠다/띄다, 늘이다/늘리다, 붙이다/부치다, 작다/적다, 조리다/졸이다, 첫째/첫 번째, 한참/한창, 이따가/있다가, 홀몸/홑몸, 껍질/껍데기, 너비/넓이, 담그다/담다, 반드시/반듯이, 저리다/절이다

(3) 곤욕/곤혹, 당사자/주역, 시험/실험, 운명/유명, 운영/운용, 일절/일체, 재연/재현, 조종/조정, 결제/결재, 지향/지양, 참석/참가/참여, 반증/방증, 보존/보전, 부문/부분, 실제/실재, 갱신/경신

연/습/문/제 27 다음 문장을 우리말답고 흐름이 자연스러운 문장으로 고쳐 보자.

> 1) 그 남자는 신이라 불리운다.
> 2) 이번 일은 모두 저의 잘못이라고 생각됩니다.
> 3) 어머니로부터의 편지가 오늘 도착했다.
> 4) 나도 할 수 있단 걸 이번 기회에 보여 주겠다.
> 5) 해야 할 게 너무 많아 뭐부터 시작해야 할지 모르겠다.
> 6) 제가 말씀드린 문제에 대한 솔직하고 냉정한 여러분의 답변을 기다립니다.

연/습/문/제 28 다음 중에서 한글 맞춤법에 맞는 표기를 골라 보자.

아니에요 : 아니예요	삼가하다 : 삼가다	휴게실 : 휴계실
제사날 : 제삿날	오뚜기 : 오뚝이	학생이었다 : 학생이였다
코빼기 : 콧배기	뒤꿈치 : 뒷꿈치	지게꾼 : 지겟군
귀때기 : 귓대기	공부중 : 공부 중	헌법상 : 헌법 상
3일간 : 3일 간	떡볶기 : 떡복기 : 떡볶이	오랫만 : 오랜만

연/습/문/제 29 다음 문장에서 한글 맞춤법에 맞지 않는 표기를 찾아 바르게 고쳐 보자.

1) 뛰는 놈 위에 날으는 놈이 있다더니 네가 그러하구나.
2) 오늘은 밤이 늦었으니 이만 집에 갈께요. 그럼 내일 뵈요.
3) 네가 지금 가는데가 어디던지 간에 나는 따라가겠다.
4) 어머니께 잘 못했다고 말씀 드리니 어머니께서는 혼내기는커녕 오히려 칭찬해 주셨다.
5) 그 당시 가정 형편이 무척 어려웠던 나는 훗날을 위해 공부를 않 할 수가 없었다.
6) 선생님의 꾸짖음을 피하기 위해 거짓말을 한 동생은 결국 그만큼의 댓가를 치루었다.
7) 우리는 속마음을 털어 놓을 수 있는 좋은 친구를 사겨야 한다.
8) 부모님께서 돌아오시기 전에 집을 깨끗히 청소할려고 노력한 덕분인지 집이 꽤 깨끗해 졌다.
9) 나는 어렸을 때부터 우리 집의 가장으로써 식구들을 먹여 살리기 위해 죽을만큼 열심히 일했다.
10) 말씀을 삼가하시오. 아버님께서 들으시면 어떡하려고 그러시오?

연/습/문/제 **30** 다음 예들 중에서 표준어가 아닌 것을 표준어 규정에 맞게 고쳐 보자.

> 숫소, 깡총깡총, 아지랭이, 사글세, 멍게, 주책이다, 안절부절하다, 설겆이, 우렁쉥이, 우뢰, 오뚜기, 부줏돈, 살코기, 남비, 서울나기, 점장이, 윗도리, 귀절, 또아리, 놀, 새앙쥐, 까탈스럽다, 열어제끼다, 애닯다, 숫양, 봉숭화, 천정, 삼춘, 쌍동이, 윗채, 솔(채소의 한 가지)

연/습/문/제 **31** 다음 예들 중에서 표준어가 아닌 것을 찾아 표준어 규정에 맞게 고쳐 보자.

> 1) 우리 막동이는 게을러빠져서 아침에 깨워 주지 않으면 못 일어난다.
> 2) 그 사내는 수북하게 담겨 있던 밥을 신기스러울 정도로 빨리 먹어 치웠다.
> 3) 나의 바램은 뒤탈이 없이 일이 마무리되는 것이다.
> 4) 우리 부모님께서는 얌냠거리며 밥을 먹는 버릇을 고치라고 나무래신다.
> 5) 설겆이를 하다 그릇을 깨트려 어머니께 혼날까 봐 안절부절했다.
> 6) 한 시간 넘게 진행된 그 강연자의 연설은 되게 지리했다.
> 7) 우리들은 이 방 저 방을 들랑거리다가 으례 그렇듯 부모님께 혼이 났다.
> 8) 일이 서투른 줄은 알지만 실수가 없게시리 최선을 다해라.
> 9) 그 사람은 정말 까탈스러운 것이 예사내기가 아니야.
> 10) 절약한다고 한 일인데 어처구니없게도 웃돈을 얹어 주고 말았다.

연/습/문/제 32 다음 영어를 한글로 표기해 보자.

> cat, cake, diskette, service, cafe, bench, file, frypan, visual, English, schedule, catch, orange, shoe, land, zigzag, camera

연/습/문/제 33 주변에서 자주 사용하는 외래어 20개를 찾고, 그것을 외래어 표기법에 맞게 써 보자.

연/습/문/제 34 다음 글을 자신의 글이라고 생각해서 어문 규범과 원고지 사용법에 맞게 원고지에 쓰고, 검토한 후에 오자가 있으면 원고지 교정 부호를 이용하여 수정해 보자.

제목: '쉽게 쓰기'의 어려움
소속: ○○대학교 ○○학과
이름: ○○○
본문:

　쉬운문장을쓰기위한필수적인조건은자기가말하고자하는내용을먼저자기자신이철저히이해하는일이다.지금도나는항상다른사람들보다도나자신이먼저납득할수있도록글을쓴다는태도로임한다.
　1938년에간행된서머셋모옴(SomersetMaugham)의<서밍업>은나에게이런태도를가르쳐준책이다.거기에이런구절이있다.
　"나는독자에게,자기가쓴글의뜻이해하도록노력해달라고요구하는작가들에대해서는도저히참을수가없다."
　서머셋모옴은쉽게쓰는좋은문장가의표본으로서여류작가가브리엘콜레트를들고있다.모옴이소개한콜레트의이야기는매우인상적이다.콜레트는모옴에게이렇게한탄했던것이다.
　"내가문장을쉽게쓴다고하지만,나자신은하루종일걸려반페이지도못쓰는날이너무나많다."
　어쨌든이제는'쉬운글'의시대다.우선이해되고난뒤에'설득'이든'공감'이든'행동'이뒤따르게마련이다.인지심리학이나정보학에서도"글이란의사소통의방법일따름이다."라고못을박는다.오직중요한것은'방법'속에'전달'의효과를어떻게높이느냐는문제일게다.
　"어떤어려운문제도,'대중의언어'로나타내지못할것이없다."라는문장관이세계를지배하고있다."평범한표현속에비범한내용을담으라."는쇼펜하우어의말은그래서더욱숭깊은것일까?그래서어려운것을쉽게쓰고,쉬운것을재미있게쓰고,재미있는것을깊게쓴다는원칙을세워본다.

　　　　　　　　　　　　　　　　　　　　　　　　　　　- 장하늘, 2005: 117-120